经济法典分则

Specific Provisions of the Economic Code

程信和　曾晓昀◎著

中国政法大学出版社

2024·北京

图书在版编目（CIP）数据

经济法典分则 / 程信和，曾晓昀著. -- 北京 ： 中
国政法大学出版社，2024. 8. -- ISBN 978-7-5764-1705-0

Ⅰ. D922.290.4

中国国家版本馆 CIP 数据核字第 2024S4Z263 号

出 版 者	中国政法大学出版社
地　　址	北京市海淀区西土城路 25 号
邮寄地址	北京 100088 信箱 8034 分箱　邮编 100088
网　　址	http://www.cuplpress.com (网络实名：中国政法大学出版社)
电　　话	010-58908586(编辑部) 58908334(邮购部)
编辑邮箱	zhengfadch@126.com
承　　印	固安华明印业有限公司
开　　本	720mm×960mm　　1/16
印　　张	25.75
字　　数	425 千字
版　　次	2024 年 8 月第 1 版
印　　次	2024 年 8 月第 1 次印刷
定　　价	109.00 元

目 录

◇ 第一编 市场机制调节 ◇

第一分编 市场基础规制

◇ 第三编　供求循环 ◇

第一分编　国内循环

第二分编 国际循环

◇ 第四编 收入分配 ◇

第一分编 分配基础

第二分编 非经济风险应对

改革开放对《经济法典》的路径指引

以中国式现代化全面推进中华民族伟大复兴。

充分发挥市场在资源配置中的决定性作用，更好发挥政府作用。

健全宏观经济治理体系。

加快构建以国内大循环为主体、国内国际双循环相互促进的新发展格局。

完善分配制度。

统筹发展和安全。

中国致力于推动构建人类命运共同体。

——摘自中共二十大文件

（2022 年 10 月）

纲举目张，"分则"对"总则"的逻辑衔接和内容配套

第一节　研究问题、背景和意义

一、研究问题

我们处在中国特色社会主义新时代：新发展理念，新发展格局，新质生产力，……新征程充满光荣和梦想，研究制定《经济法典》正是特色亮点。

2022年10月，党的二十大发出号令："以中国式现代化全面推进中华民族伟大复兴。""全面推进"，工程何其伟大。而编纂"总则+分则"的《经济法典》，表达新兴的法律形态和法学学科的历史自信、历史主动，属于"全面推进"的重大举措之一。

习近平同志提出，"要把深化改革攻坚同促进制度集成结合起来。"[1]"要统筹推进国内法治和涉外法治，统筹发展和安全。"[2]

习近平同志指出："要在条件成熟的立法领域继续开展法典编纂工作。"[3]"民法典为其他领域立法法典化提供了很好的范例，要总结编纂民法典的经

---

[1]　习近平：《推动新发展阶段改革取得更大突破、展现更大作为》，载《习近平谈治国理政》（第4卷），外文出版社2022年版，第234页。

[2]　习近平：《毫不动摇坚持、与时俱进完善人民代表大会制度》，载《习近平著作选读》（第2卷），人民出版社2023年版，第524页。

[3]　习近平：《毫不动摇坚持、与时俱进完善人民代表大会制度》，载《习近平著作选读》（第2卷），人民出版社2023年版，第525页。

验，适时推动条件成熟的立法领域法典编纂工作。"[1]"继续开展""适时推动"，发出了号令！

前述"历史自信"即确信经济法已成为一个法律整体，经济法真正有自己的专业特色，经济法可实现传统法律部门无法完成的历史使命。"历史主动"即经济法典要为中国式现代化提供经济发展宪章，并为构建人类命运共同体贡献经济治理范本，经济法学则要形成相应的独特话语体系。作为独立、基本、重要的法律部门，必须树立经济法的整体观念，而亦可分为若干分支，并在"总则"统领下铸就一体。中国经济法学的奠基人芮沐先生创始的"整体经济法论"贯穿于《经济法典》的总则和分则。因此，编出"总则"之后，接着编出"分则"，顺理成章。

在某种程度上讲，"分则"比"总则"的设计难度更大，因它涉及海量经济法律规范的合乎逻辑的组合。"理想型"分则是要把各类经济法规范的精要内容归入"五大板块"之中；"实在型"分则是要对重要的单行经济法律进行整体接纳并加以必要改造，其他经济法律可作单行法律继续存在。还须说明，"理想"并不是空想，也不是幻想，"分则"五个板块完全以国家经济立法为基石，只是如何组合更为科学而已。这种"组合"从立法技术上来说属于新质的"编纂"，而不是简单的"汇编"。"总则+分则"的制定意味着《经济法典》完成，若能成为国家正式立法，在人类经济法制史上必将具有里程碑意义。

在国家法律体系的组成部门中，经济法与国民经济的联系最为直接、也最为密切。而作为经济法最高表现形式的《经济法典》，体现以中国式现代化全面推进伟大复兴的最大政治，体现高质量发展的硬道理，体现稳中求进工作总基调，可称为经济法制高点。本书研究的问题在于，《经济法典》"分则"如何展开"总则"、发挥"总则"，设计国民经济运行制度体系，为国民经济高质量发展提供法律支撑。

任何科研都应着眼解决问题。具体而言，本书拟解决以下问题：

——如何推进市场机制调节制度建设？

——如何推进宏观经济治理制度建设？

---

[1]　习近平：《从全局和战略高度推进全面依法治国》，载《习近平著作选读》（第2卷），人民出版社2023年版，第382页。

——如何推进供求循环制度建设？

——如何推进收入分配制度建设？

——如何推进经济安全保障制度建设？

二、研究背景

1. 国内视野，回答"中国之问"

以宪法为统率。作为国家的根本法，宪法规定国家的根本制度和根本任务。其中，极为重要的内容有经济制度、方针政策和经济运行管理架构，可称之为"经济宪法"。现行有效的《中华人民共和国宪法》（以下简称《宪法》[1]）为 1982 年 12 月 4 日通过，后经五次修改的版本。"合宪性"应当作为经济法的首要标准，经济法正是经济宪法的展开和具体体现。

从《经济法典》"三论"到《经济法典》"总则"。在经济法学界老中青同仁支持和帮助下，为探索经济法集成化的最高表现形式——《经济法典》，程信和、曾晓昀合作，于 2021 年上半年内连续发表了导论、总则论、分则论 3 篇学术论文。[2]至 2021 年 7 月底，程信和、曾晓昀合作，经数易其稿，把《经济法典》"总则"的具体条文编写出来。[3]前辈李昌麒教授致函称："《经济法典总则》问世，谨以数句表示祝贺和希望。词曰：满满一叶舟，出没风波里。大智在民间，天涯有人识。《总则》国之需，实践当在速。"（2022 年 6 月 11 日，于重庆）前辈黎学玲教授评说，《经济法典总则》这部"集学科大成的经济法治之作，是不忘初心之作，使命担当之作"。（2022 年 6 月 10 日，于广州）

《经济法典》"分则"。至 2024 年 3 月底，程信和、曾晓昀合作，经数易其稿，把《经济法典》"分则"的具体条文编写出来。在写作"分则"过程中，得到同行的持续鼓励和热情支持。

至此，《经济法典（学者建议稿）》1000 条左右初步登堂（见本书"附录"）。"希望后生跨快马，千条法典胜万金。"（李昌麒寄语，2021 年 10 月 8

---

[1] 为论述方便，本书中所论述的我国法律法规，全部省略"中华人民共和国"字样，全书统一，下不赘述。

[2] 程信和、曾晓昀：《经济法典：经济法集成化之历史大势》，载《政法学刊》2021 年第 1 期，第 92~101 页；程信和、曾晓昀：《经济法典"总则"论》，载《法治社会》2021 年第 2 期，第 57~72 页；程信和、曾晓昀：《经济法典"分则"论》，载《法治社会》2021 年第 3 期，第 46~62 页。

[3] 程信和、曾晓昀：《经济法典总则》，中国政法大学出版社 2022 年版，第 28~180 页。

日）可以告慰的是，经济法学界的前辈们（以芮沐、杨紫烜、刘文华、徐杰、李昌麒等先生为代表）开创的经济法学事业正在继续推进。

2. 全球视野，回答"世界之问"

国际经济领域的竞争和合作，必须以规则为基础。站在中国立场上，我们既要遵守国际通行规则、标准，又要使自己的规则、标准与国际接轨，营造市场化、国际化、法治化的营商环境。因此，国内经济法治与涉外经济法治应当有机结合、互相促进。统筹国内法治与涉外法治，展现出《经济法典》"分则"的全球性视域。

坚持胸怀天下，必须贯彻到《经济法典》"分则"之中。继中国 2013 年首次提出"推动构建人类命运共同体"的理念之后，2021 年的"全球发展倡议"，2022 年的"全球安全倡议"，2023 年的"全球文明倡议"，中国为国际社会提供的这三大公共产品，大大拓展了中国对外开放及其法治的内涵。应当研究推动践行三大倡议，落实到《经济法典》"分则"之中。

习近平同志强调："树立国际视野，从中国和世界的联系互动中探讨人类面临的共同课题，为构建人类命运共同体贡献中国智慧、中国方案。"〔1〕回答"中国之问""世界之问"，这就是研究制定《经济法典》的历史背景、时代背景。《经济法典》立法实践的高度，决定着经济法学理论的深度，不仅对中国法学，而且对世界法学发展必将产生深远影响。

三、法典期待特色

1. 系统性

《经济法典》"总则"指导"分则"，"分则"将"总则"落实到具体制度。以经济发展权为基础，经济发展权、经济分配权、经济安全权三位一体、有机统一。从"总则"经济发展权出发，演化出"分则"中的市场机制调节法、宏观经济治理法、供求循环法，促进国民经济高质量发展。从"总则"经济分配权出发，演化出"分则"中的收入分配法，实现国民经济高标准公平。从"总则"经济安全权出发，演化出"分则"中的经济安全保障法，保障国民经济高水平安全。"发展-公平-安全"构成《经济法典》"分则"的基

---

〔1〕　习近平：《深化对中长期经济社会发展重大问题的认识》，载《习近平著作选读》（第 2 卷），人民出版社 2023 年版，第 334 页。

本线索。我们特别注意到，编写《经济法典》"分则"条文，不是法律汇编，而是法典编纂；不是政策转述，而是政策转化；不是单一的公法或单一的私法，而是以公法因素为主导、公私法因素融为一体。这就表现出基本脉络、基本技巧。

2. 协调性

《经济法典》需要协调以下关系：一是"总则"与"分则"的关系。《经济法典》"总则"指导"分则"，"分则"必须符合"总则"的法理要求。二是"总则"各章的关系。按照基本规定、国民经济治理现代化制度基础、经济法主体、经济法权利、经济法行为、经济法责任这样的安排，较为合理。三是"分则"各编及其具体章节的关系。"分则"内容繁多，需要协调各编、不同章节之间的分工和关联，对所有条文的位置、次序统筹安排，这是本书必须精心解决的问题。

3. 效能性

《经济法典》"分则"强化效能思维，使立法效益最大化。"分则"条文众多，编纂时极其考验法律功底，如何对以下各项进行判断取舍——选择哪些法律法规为素材，是原文采纳、还是有机整合，使条文具可操作性、落到实处。还要补足哪些短板，亦不可忽视。须知，效能性取决于法典本身的完整性和条文的针对性。

4. 创新性

邓小平同志强调：改革开放"走不出一条新路，就干不出新的事业"。[1]编纂《经济法典》，就是要走出经济立法的新路，干出经济法治的新的事业。立足当今实际，对中国以往的东西、外国的东西要取其精华、去其糟粕，就像马克思对待社会主义思想三个来源那样。"经济发展权–经济分配权–经济安全权"可视为经济法基本权利范畴的创新提法。从"三权"出发，指引经济法成为国民经济发展法、分配法、安全法，对应作出"分则"五编的设置，从而推动《经济法典》成为国民经济"发展–公平–安全"的集成化呈现。

依据《经济法典》的系统、协调、效能、创新等特色，可选择分别考察金融、农业、能源等现代经济法制度。从一般到个别，又从个别到一般，现代经济法的战略意义，彰显于世。

---

[1] 邓小平：《在武昌、深圳、珠海、上海等地的谈话要点》，载《邓小平文选》（第3卷），人民出版社1993年版，第372页。

四、研究意义

1. 实践意义

其一，为中国全面建成社会主义现代化强国提供经济法制度设计。从法律技术到法律战略，将中国经济建设模式的具体经验予以法典化。《经济法典》"分则"从法律上设定中国特色社会主义的经济制度和发展方式，推动有效市场和有为政府更好结合，保障和促进国民经济高质量发展。

其二，为构建人类命运共同体提供依法治理经济范本。《经济法典》"分则"既是中国经济法治实践的创新和总结，又因探讨的是人类面临的共同经济法治课题，必然直接影响到世界。"总则""分则"共同为构建人类命运共同体贡献法治力量，对发展中国家经济发展可作鉴照。

2. 理论意义

其一，理论对实践的指引。《经济法典》践行习近平新时代中国特色社会主义思想，特别是其中的经济思想、法治思想。经济法为新兴法律形态。市场机制调节、宏观经济治理、供求循环、收入分配、经济安全保障五大板块共同构筑《经济法典》制度体系，全面对应经济发展权、分配权、安全权，抢占经济法高地，推动新时代经济法的创新发展。

其二，实践对理论的推进。《经济法典》构建经济法学自主知识体系。经济法学为新兴法学学科。"总则""分则"的编纂，既是立法探索，又是基础研究，《经济法典（学者建议稿）》同时亦可成为经济法学话语体系。经济法典"分则"研究开辟经济法研究的全新格局，其价值必将超越法学界限，对接经济学、管理学、社会学等学科，在更大的社会科学视野下来认识和解决国民经济和社会发展问题，推进法学、社会科学创新。

第二节 经济法典分则制度图谱

《经济法典》分则的任务在于从经济规律和自然规律出发，构建经济法具体制度，谋划国民经济在法治轨道上运行的操作规程。通过市场机制调节、宏观经济治理、供求循环、收入分配、经济安全保障等层面（维度），为国民经济运行提供直接的、综合的法律支撑。[1]

一、市场机制调节法律制度

市场经济，首先要求市场有效、市场主体充满活力。市场机制调节法律制度调整因运用市场机制而产生的、发挥微观导向作用层面的经济关系。在国民经济领域，以经济交易、竞争及合作为横轴，经营者、消费者为纵轴，运用发展手段实现发展目标，创新市场机制调节模式（参见图0-1）。

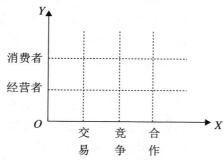

图0-1　市场机制调节法律制度板块图·微观导向功能

二、宏观经济治理法律制度

社会主义国民经济，其特有优势在于"全国一盘棋"，可以集中力量办大事。宏观经济治理法律制度调整因制定、执行国民经济和社会发展规划（计划）而产生的、发挥战略决策作用层面的经济关系。在国民经济领域，以发展规划、产业、科技力、人力、财力、物力、环保为横轴，区域协调发展、新型城镇化、乡村振兴为纵轴，运用发展手段实现发展目标，创新宏观经济治理模式（参见图0-2）。

---

〔1〕　参见程信和、曾晓昀：《经济法典"分则"论》，载《法治社会》2021年第3期，第46~62页。

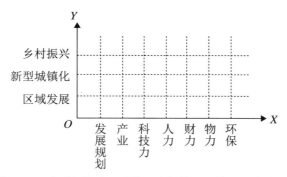

图0-2　宏观经济治理法律制度板块图·战略决策功能

三、供求循环法律制度

　　需求、供给，构成经济运行的基本格局。供求循环法律制度调整因需求牵引供给和供给创造需求而产生的、发挥动态平衡作用层面的经济关系。在国民经济领域，以供给侧、需求侧为横轴，国内经济、涉外经济为纵轴，运用发展手段实现发展目标，创新供求循环模式（参见图0-3）。

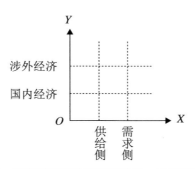

图0-3　供求循环法律制度板块图·动态平衡功能

四、收入分配法律制度

　　社会主义的重要目标，是要实现公平分配，促进全体人民走向共同富裕。收入分配法律制度调整因共享发展成果而产生的、发挥共同富裕作用层面的经济关系。在国民经济领域，以劳动力要素和其他生产要素为横轴，劳动者身份收入和其他居民身份收入为纵轴，运用发展手段服务发展目标，创新收入分配模式（参见图0-4）。

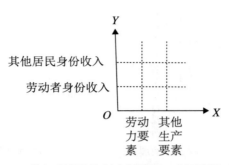

图0-4 收入分配法律制度板块图·共同富裕功能

五、经济安全保障法律制度

发展必须安全，安全服务发展。经济安全保障法律制度调整因保障经济安全而产生的、发挥应对风险作用层面的经济关系。在国民经济领域，以风险防范、风险化解为横轴，基本经济安全、重点经济安全、公共经济安全为纵轴，运用发展手段服务发展目标，创新经济安全保障模式（参见图0-5）。

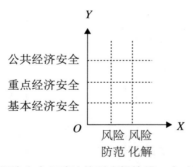

图0-5 经济安全保障法律制度板块图·应对风险功能

由以上分析可见，对横轴上诸发展要素的功能考察，使经济法的内涵外延，更为精准；对纵轴上诸发展要素的应用考察，使经济法的制度合力，更为高效。

我们要坚持问题导向，坚持系统观念，提炼独特概念、成熟制度，形成具有中国特色、世界影响的经济法典分则制度图谱。从条文到图谱、从图谱到条文，科学的经济法典制度必将有效指引国民经济发展、实现中国式现代化。

第三节　研究思路

一、研究框架

1. 章节设计

绪论，纲举目张。论证"分则"对"总则"的逻辑衔接和内容配套。

第一编，市场机制调节。包括市场基础、市场交易及其监管、市场竞争及其监管、市场合作及其监管、企业等市场主体发展、消费者权益保护等法律制度。

第二编，宏观经济治理。包括国民经济和社会发展规划（计划）、产业发展、科技创新、数字经济、财政、税收、货币金融、国有资产资源管理利用、区域协调发展、新型城镇化、乡村振兴等法律制度。

第三编，供求循环。包括消费、投资、对外经济开放等法律制度。

第四编，收入分配。包括就业促进、按劳分配、其他生产要素按照市场贡献决定报酬等法律制度。

第五编，经济安全保障。包括国家经济安全保障、经济监督，应对非经济因素对国民经济造成不确定风险等法律制度。

结语。探索如何发挥经济法制度合力，为中国式现代化作出贡献。

2. 研究框架图示

"分则"五编，共31章。其研究框架，可见以下图示（见图0-6）。

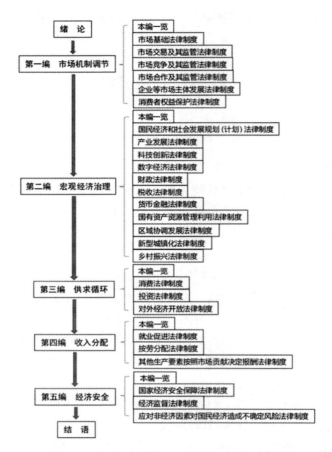

图 0-6　《经济法典》"分则"研究框架图

二、研究方法

1. 定性分析与定量分析相结合

定性分析与定量分析相结合研究方法的应用。分别以横轴（水平线）、纵轴（垂直线）方式，配置制度元素（因子），创新市场机制调节、宏观经济治理、供求循环、收入分配、经济安全保障等制度模型。

特别注意，高质量发展包括质的有效提升和量的合理增长，这里就有"量"；就业充分、物价稳定、国际收支平衡，这些目标都有"量"；预算、税收、金融，也有"量"；产业发展、区域协调，也有量；等等。

定性分析提供"分则"制度的属性把握、基本定位。定量分析使"分则"条文具体化、可操作，落到实处。

2. 系统分析与条文分析相结合

系统分析旨在构建法治系统工程，发挥各个组成要素合力。《经济法典》"分则"将海量经济法规范设计为五大部分，形成国民经济发展法治系统工程。

法条分析关注每个法条的立法背景、基本依据、内容布局。与"总则"对应，遵循立法规律，设计"分则"具体条文。

必须在系统思维下加强"分则"条文分析，通过"分则"条文分析最终形成"分则"制度整体，从而与"总则"第二章"国民经济治理现代化制度基础"列出的五大制度板块相呼应。

3. 历史分析与比较分析相结合

历史分析指运用历史眼光，考察经济法集成化、法典化的动态演进。中国经济法从起步、逐步升华以达到集成化的沿革，符合历史发展规律。

比较分析包括纵向比较与横向比较，强调以我为主、集思广益，立足中国国情，又注意汲取各国有益的法治文明。外国经济法的历史沿革，如《自然法典》《公有法典》《捷克斯洛伐克经济法典》《苏联经济法典》要点草案、联邦德国《经济稳定与增长促进法》等，各有启示。

历史分析为比较分析提供发展眼光，展望未来。比较分析为历史分析提供纵向、横向两个维度，引向深入，提供借鉴。

据此，我们已经并将继续设计若干图谱，形象化地展现《经济法典》的精神和路径。

以上所有研究方法，都遵循马克思主义的辩证唯物论、历史唯物论的基本原理，但又与时俱进、务实为要。归结到一点，就是毛泽东同志反复教导我们的："实事求是。"从专业而论，《经济法典分则》的"实事求是"，坚持的是"发展–分配–安全"的主题、主线。诚如张守文教授与程信和教授交换学术意见时达成的共识："发展、分配和安全，确实是研究经济法非常重要的三个维度！"[1]

---

〔1〕 张守文 2017 年 4 月 4 日复程信和函，转引自程信和：《新时代中国特色经济法学之新气派》，载《法治社会》2018 年第 1 期，第 10 页。

第一编　市场机制调节

第一章

本编一览：发挥市场机制功能

顾名思义，市场经济应从市场起头。

《宪法》第 15 条第 1 款规定："国家实行社会主义市场经济。"党的十九大提出，"着力构建市场机制有效、微观主体有活力、宏观调控有度的经济体制"。二十大强调："构建高水平社会主义市场经济体制。"这一完整经济体制框架中，首当其冲的是"市场机制"。当代社会，无论世界何国，其市场化与经济全球化是相连的。故此，《经济法典》"分则"安排第一编，定为"市场机制调节"。

市场机制指企业等市场主体进行的生产、分配、流通、消费等活动的制度安排。"市场机制调节法律制度板块"调整因运用市场机制而产生的、发挥微观导向作用层面的经济关系。"市场机制调节法律制度"对应和对接"总则"的经济发展权，构成国民经济在法治轨道上运行的制度系统中的第一板块，即《经济法典》"分则"第一编（参见表1-1）。

表1-1　"分则"与"总则"在市场机制调节板块的逻辑衔接梳理

总则条目	分则编名	分则章名
第一板块：市场机制调节制度的调整范围	市场机制调节	
市场基础法律制度（1条）		市场基础法律制度
市场交易及其监管法律制度（1条）		市场交易及其监管法律制度
市场竞争及其监管法律制度（1条）		市场竞争及其监管法律制度

续表

总则条目	分则编名	分则章名
市场合作及其监管法律制度（1条）		市场合作及其监管法律制度
市场主体发展法律制度（1条）		市场主体发展法律制度
消费者权益保护法律制度（1条）		消费者权益保护法律制度

现行设计，市场机制调节法律制度板块列为两个分编。第一分编为市场基础规制，显示交易、竞争、合作；第二分编为市场主体运行，展现经营者、消费者。（参见表1-2）

表1-2　市场机制调节法律制度板块之现行经济法律列举

板块内容	法律列举
（一）市场基础法律制度	1.《价格法》（1997年） 2.《产品质量法》（2018年修正） 3.《计量法》（2018年修正） 4.《标准化法》（2017年修订） 5.《广告法》（2021年修正） 6.《资产评估法》（2016年） 7.《企业破产法》（2006年）
（二）市场交易及其监管法律制度	8.《电子商务法》（2018年） 9.《烟草专卖法》（2015年修正）
（三）市场竞争及其监管法律制度	10.《反垄断法》（2022年修正） 11.《反不正当竞争法》（2019年修正）
（四）市场主体发展法律制度	12.《公司法》（2023年修订） 13.《企业国有资产法》（2008年） 14.《中小企业促进法》（2017年修订） 15.《乡镇企业法》（1996年）
（五）消费者权益保护法律制度	16.《消费者权益保护法》（2013年修正）

本编由以下两个方面的内容组成。

第一节　市场基础性建设

一、全国统一大市场的形成

全国统一大市场，包括土地市场、劳动力市场、资本市场、技术和数据市场、能源市场、生态环境市场等。2024 年 3 月，十四届全国人大二次会议，再次强调"加快全国统一大市场建设"。应当健全全国统一大市场的标准，发挥统一大市场的优势，进行制度设计。

依据全国统一大市场格局，国家确立主要由市场决定价格的机制，并保持市场物价水平总体稳定。与此同时，健全产品质量、计量、标准化、广告、资产评估、认证认可、经济信用等制度，协调多种市场运行要素。

按照全国统一大市场要求，健全市场准入、市场主体登记管理、市场退出的诸多制度，把握社会主义市场经济的运行过程法律脉络。一是完善市场准入。完善"全国一张清单"管理模式，健全市场准入负面清单制度。二是加强市场主体登记管理。着重解决登记事项、条件、程序、效力相关法律问题，推进证照改革。三是探索市场退出径路。健全市场退出类别，积极探索个人破产制度。

二、市场交易及其监管

经济交易发生于经营者与消费者之间。在传统贸易方式之外，基于电子商务新业态的功能，国家依法鼓励发展、创新商业模式，完善电子商务交易规则。实行自由交易，推进市场提质增效，完善交易规则体系。针对专卖、专营设立特定规则，创新特许经营制度。加强市场交易监管，一般监管如市场交易监督检查、市场交易纠纷处理，并严惩传销行为。

三、市场竞争及其监管

促进公平竞争，确立市场竞争政策的基础性地位。一方面，依法规制垄断行为。反垄断要积极应对垄断协议、滥用市场支配地位、经营者集中、行政性垄断等问题。另一方面，依法规制反不正当竞争。树立不正当竞争一般条款，依法规制各类不正当竞争行为。反垄断与反不正当竞争既有联系，又有区别，需要做好衔接工作，最大限度发挥两大制度的功效。必须注意，微观导向的竞争政策和宏观导向的产业政策不可脱节、更不能对立。

四、市场合作及其监管

对平等合作的功能，经济立法（含涉外经济法）必须作出回应。经济合作发生于市场主体之间、国内区域之间、国际之间。通过优势互补，达到经济共赢效果。在合作促进中加强相应监管，包括各自监管与联合监管。加强利益协调，促进纠纷处理。合作与竞争并存，在合作中竞争，在竞争中合作。加强市场合作，实现互促共赢。

必须指出，现有经济法学理论中，对经济合作关系关注不够。其实，国内、涉外都少不了合作。完整的把握应是"合作和竞争"，这是经济法应有的新高度。

第二节　市场运行主体活力激发和权益保护

一、企业等市场主体发展

发挥市场配置资源的决定性作用，实质上是要充分调动市场主体积极性。一是国有企业发展举措。发挥公益类国有企业和商业类国有企业的不同功能，防止国有资产流失，实现保值增值。二是集体（合作）企业发展举措。合理定位集体（合作）企业，完善经营制度。三是民营企业发展举措。支持民营企业的发展环境，帮助企业解决生产经营困难。四是混合所有制企业发展举措。分类推进混合所有制改革，健全特别治理机制，维护国家控股及各方利益平衡。五是个体工商户发展举措。既需要特别支持（如场地支持），也需要特别保障。

可以说，"增强企业活力是经济改革的中心环节，也是经济法的中心论题"。[1]

---

〔1〕　程信和：《经济法重述》，中山大学出版社 2022 年版，第 46 页。

二、消费者权益保护

消费者权益保护，本质上是践行"人民至上、生命至上"。提升消费者在市场机制调节中的地位，明确消费者权益类型。保护消费者合法权益，促进经营者履行对消费者的义务。重视创新消费者集体诉讼、消费公益诉讼机制，关注电子商务等新型交易方式下对消费者权益的保护。

可以说，保护消费者权益即是坚持以人民为中心的发展，显示经济法的重要价值。

第一分编　市场基础规制

第二章

市场基础法律制度

市场基础法律制度，关系到市场交易、竞争和合作的基本秩序。党的二十大提出："完善产权保护、市场准入、公平竞争、社会信用等市场经济基础制度，优化营商环境。"

市场基础制度，基本素材可见之于《宪法》相关内容，《价格法》《产品质量法》《计量法》《标准化法》《广告法》《资产评估法》《企业破产法》等经济法律和《市场主体登记管理条例》《认证认可条例》等经济法规。

与《经济法典》"总则"市场基础法律制度总体条文相呼应，现探讨本章的具体制度设计。

特别注意，"分则"条文设计不是法律汇编，而是法典编纂；不是政策转述，而是政策转化。本书各章探讨均循此意旨。

第一节　全国统一大市场的形成

一、全国统一大市场的要求

"当今世界，最稀缺的资源是市场。"[1]我们必须充分利用和发挥中国统一大市场这个巨大优势。《经济法典》"分则"的具体制度，也就从这里发端。中共中央办公厅、国务院办公厅印发《建设高标准市场体系行动方案》

---

〔1〕 习近平：《把握新发展阶段，贯彻新发展理念，构建新发展格局》，载《习近平著作选读》（第2卷），人民出版社2023年版，第412页。

（2021 年），提出建设高标准市场体系。《中共中央、国务院关于加快建设全国统一大市场的意见》（2022 年）对建设全国统一大市场提出指引。构建新发展格局、促进高质量发展，加快建设全国统一大市场，作为市场运行的基础。

立法建议如下：

第 1 条 ［全国统一大市场］

国家制定全国统一大市场建设标准指引，推进形成全国统一大市场，实现市场基础制度规则、市场设施、要素和资源市场、商品和服务市场、市场监管的公平统一。

市场经济的活力在于自由流通。着眼市场、促进竞争、深化分工，进一步打通国内大循环的通道，确立市场自由流通制度。

立法建议如下：

第 2 条 ［市场自由流通］

在提高市场效率和劳动生产率、增长居民收入、优化需求、保障供给等方面拓新通道，促进市场自由流通。

二、全国统一大市场的格局

统一规划、统一管理，探索建设用地增减挂钩等模式，建立土地市场制度。

立法建议如下：

第 3 条 ［土地市场］

统筹增量建设用地和存量建设用地，完善建设用地使用权转让、出租、抵押制度，建设统一土地市场。

推动股权市场、债券市场、供应链金融发展，防范系统性金融风险，建立资本市场制度。

立法建议如下：

第 4 条〔资本市场〕

依法引导融资，布局重要金融基础设施，培育股权市场，发展债券市场，创新供应链金融，建设统一资本市场。

为推动技术交易市场互联互通，鼓励区域、行业之间技术信息交流互动，建立技术市场制度。

立法建议如下：

第 5 条〔技术市场〕

完善技术资源共享服务体系，健全技术交易制度，建设统一技术市场。

推动数据交易市场互联互通，鼓励区域、行业之间数据信息交流互动，建立数据市场制度。

立法建议如下：

第 6 条〔数据市场〕

完善数据评估和交易机制，创新数据要素，建设统一数据市场。

促进劳动力、人才顺畅流动，优化人力资源配置，建立劳动力市场制度。

立法建议如下：

第 7 条〔劳动力市场〕

促进劳动力、人才合理流动，建设统一劳动力市场。

有效保障能源安全供应，健全面向碳达峰碳中和的多层次能源市场体系，建立能源市场制度。

立法建议如下：

第 8 条〔能源市场〕

统筹发展传统能源和新能源，规范能源交易中心运营，建设统一能源市场。

促进绿色生产、绿色消费，逐步实现碳达峰碳中和，建立生态环境市场制度。

立法建议如下：

第9条 [生态环境市场]

健全碳排放权、用水权、用能权的初始分配、有偿使用、市场交易、纠纷解决制度，建设统一生态环境市场。

第二节　价　格

一、价格决定机制

发展市场经济，必须遵循其基本规律——价值规律，又称价值法则。毛泽东同志曾指出："这个法则是一个伟大的学校，只有利用它，才有可能教会我们的几千万干部和几万万人民，才有可能建设我们的社会主义和共产主义。否则一切都不可能。"[1]请特别注意"否则一切都不可能"这一警醒提示。价格的合理关系经营者和消费者两类主体。比如，"粮价一头连着生产者，一头连着消费者。……保持粮价合理水平，要兼顾好生产者和消费者利益"。[2]商品价格实际表现商品价值，价格的制定应当符合价值规律，应当健全价值和市场决定价格的机制。

立法建议如下：

第10条 [由价值和市场决定价格]

商品价格的制定应当符合价值规律，促进市场价格的大部放开，同时完善政府指导价、政府定价制度。

---

〔1〕 毛泽东：《价值法则是一个伟大的学校》，载《毛泽东文集》（第8卷），人民出版社1999年版，第34页。

〔2〕 习近平：《确保我国粮食安全》，载《习近平著作选读》（第1卷），人民出版社2023年版，第203页。

物价稳定意味着在一定收入水平下人民生活的稳定。2023 年居民消费价格上涨 0.2%；2024 年预计涨幅 3% 左右。[1]作为价值规律外在体现的价格，具有部分宏观调控功能。与《经济法典》"总则"第 1 条"物价稳定"目标相呼应，必须强调价格政策的地位和作用。

立法建议如下：

第 11 条 ［物价稳定］

国家根据国民经济发展需要和社会承受能力，掌握市场价格总水平，保障实现市场价格稳定调控目标。

发挥价格的市场调节功能，放开竞争性环节价格，确立价格的市场调节制度。

立法建议如下：

第 12 条 ［价格的市场调节机能］

放开公用事业等领域的竞争性环节价格，创新环境、资源、能源领域价格形成机制，设立价格调节基金。

二、价格管理措施

明晰价格监管职权范围，规范价格监督检查，设立价格监管制度。
立法建议如下：

第 13 条 ［价格监管］

国家价格管理部门负责全国价格监督检查工作。
价格管理部门依法实施价格监测，加强价格监督检查。

规范价格干预行为，必要时设立、实施紧急措施。
立法建议如下：

---

　　[1]　参见国家统计局 2024 年 2 月 29 日公布的《中华人民共和国 2023 年国民经济和社会发展统计公报》，本书各法条立法说明所引 2023 年统计数据，均来自该统计公报。

第 14 条 ［价格干预］

当重要商品和服务价格显著上涨或者有可能显著上涨时，应当加强价格干预，采取限定差价率或者利润率、规定限价、实行提价申报制度和调价备案制度措施。

当市场价格总水平出现剧烈波动等异常状态时，应当采取价格紧急措施，临时集中定价权限，部分或者全面冻结价格。

价格违法，扰乱社会经济秩序，既损害消费者权益又损害经营者权益。对价格违法行为采取有力措施，及时处理。

立法建议如下：

第 15 条 ［对价格违法行为的处理］

对价格违法行为，国家价格管理部门可以依法没收违法所得、处以罚款、责令停业整顿。

第三节　产品质量

一、产品质量要求

中共中央、国务院印发《质量强国建设纲要》（2023 年），要求强化质量建设。产品质量要求具备相应的使用性能，禁止掺杂掺假，相应规定产品效用制度。

立法建议如下：

第 16 条 ［产品效用］

产品质量必须具备产品应有的使用性能，但是对产品存在使用性能的瑕疵作出说明的除外。

产品应当检验合格，符合相关安全标准，对产品安全要求作出规定。

立法建议如下：

第 17 条 [产品安全要求]

产品应当符合保障人体健康和人身、财产安全的安全标准；未制定安全标准的，必须符合保障人体健康和人身、财产安全的要求。

强化产品质量证明，反映产品质量情况，促进产品提质升级，规定产品标识标志制度。

立法建议如下：

第 18 条 [产品标识标志]

产品标识必须符合法定要求。不得伪造或者冒用质量标志。对危险物品、特殊要求产品，应当作出警示标志或者中文警示说明。

二、产品质量监管

加强产品质量监管，推进以抽查为主要方式的监督检查制度，规定产品质量监管制度。

立法建议如下：

第 19 条 [产品质量监管]

国家质量管理机构负责全国质量监督检查工作。

对可能危及人体健康和人身、财产安全的产品，影响国计民生的重要工业产品以及社会反映有质量问题的产品进行抽查，但不得重复抽查。

检验抽取样品的数量不得超过检验的合理范围，并不得向被检查人收取检验费用。生产者、销售者对抽查检验的结果有异议的，可以申请复检。

三、产品瑕疵、缺陷处理

妥善处理产品瑕疵造成他人损害的赔偿问题，设立产品一般缺陷处理制度。

立法建议如下：

第 20 条 [产品一般瑕疵处理]

产品存在瑕疵而事先未作说明的，产品销售者应当负责修理、更换、退货；给购买产品的消费者造成损失的，产品销售者应当赔偿损失。属于产品生产者的责任或者属于产品供货者责任的，销售者有权向产品生产者、产品供货者追偿。

为妥善处理产品缺陷造成他人损害的赔偿问题，规定产品缺陷处理制度，注意除外情形及追偿问题。

立法建议如下：

第 21 条 [产品缺陷处理]

产品缺陷造成人身、他人财产损害的，生产者应当承担赔偿责任，但未将产品投入流通、产品投入流通时引起损害的缺陷尚不存在、将产品投入流通时的科学技术水平尚不能发现缺陷存在等情形除外。

受害人可以向产品生产者要求赔偿，也可以向产品销售者要求赔偿。属于产品生产者的责任，产品销售者赔偿的，产品销售者有权向产品生产者追偿。属于产品销售者的责任，产品生产者赔偿的，产品生产者有权向产品销售者追偿。

第四节　计　量

一、计量要求

计量是指计算单位统一、达到量值可靠的活动。计量单位是开展计量活动的前提，应当明确法定计量单位的构成。

立法建议如下：

第 22 条 [计量单位]

国际单位制计量单位和国家选定的其他计量单位，为国家法定计量单位。

计量器具是开展计量活动的工具，必须规定计量器具制度。

立法建议如下：

第 23 条 ［计量器具］

国家计量管理机构指导建立各种计量基准器具，作为统一全国量值的依据。

二、计量监督检查

为便于计量管理机构及相关计量检定机构执行监督检查任务，加强对计量器具及计量活动的监督检查，规定计量监督检查制度。

立法建议如下：

第 24 条 ［计量监督检查］

国家计量管理机构负责全国计量监督检查工作。

县级以上人民政府计量管理机构应当依法对计量器具及计量活动进行监督检查。计量管理机构可以根据需要设置计量检定机构，或者授权其他单位的计量检定机构，执行强制检定任务。

第五节 标准化

一、标准类型

标准是指经济社会各个领域需要统一的技术要求。中共中央、国务院印发《国家标准化发展纲要》（2021 年），对标准化提出要求。为实施国家标准、行业标准、地方标准与企业标准，为此设定标准类型。

立法建议如下：

第 25 条 ［标准分类］

国家标准化管理机构负责全国标准化管理工作。

标准包括国家标准、行业标准、地方标准和团体标准、企业标准。

对标准进行效力细分，强制性标准必须执行，相应对标准的强制性作出规定。

立法建议如下：

第 26 条 [标准的强制性]

为保障人身健康和生命财产安全、国家安全、生态环境安全和经济社会管理基本需要，国家标准化管理机构制定强制性国家标准。

国家鼓励采用推荐性标准，发挥标准的指导性功能，对标准的指导性作出规定。

立法建议如下：

第 27 条 [标准的指导性]

为满足基础通用、对各有关行业起引领作用等需要，国家标准化管理机构制定推荐性国家标准。

对没有推荐性国家标准、确需在全国某个行业范围内统一要求，国家有关经济管理机构可以制定行业标准。

满足地方自然条件、风俗习惯要求，可以制定地方标准。

通过标准化促进科学技术进步，提高产品和服务质量，增强经济效益、社会效益，对标准的制定作出规定。

立法建议如下：

第 28 条 [标准制定]

制定标准应当深入调查论证，广泛征求意见，加强技术审查。标准应当按照编号规则进行编号，标准文本依法公开。

有效实施标准，促进科技进步，提高全社会标准化水平，规定标准实施制度。

立法建议如下：

第 29 条 ［标准实施］

国家加强标准实施情况统计、评估、协调，支持标准化示范、宣传、推广，促进全社会按照标准组织生产经营活动。

鼓励社会团体、企业利用自主创新技术，促进自主创新发展，规定标准自主创新制度。

立法建议如下：

第 30 条 ［标准自主创新］

国家支持在战略领域、新兴领域利用自主创新技术制定团体标准、企业标准，有序推动标准升级。

二、标准化监管

推动标准实施，加强反馈、评估，设立标准化监管制度。

立法建议如下：

第 31 条 ［标准化监管］

国家有关经济管理机构依据法定职责，对标准的制定和实施进行指导和监督。建立标准实施信息反馈、评估、复审机制，及时修订或者废止相关标准。

第六节　广　告

一、广告要求

明确广告内容，保护消费者权益，对广告内容作出规定。

立法建议如下：

第 32 条 [广告内容要求]

广告中对商品的性能、功能、产地、用途、质量、成分、价格、生产者、有效期限、允诺等或者对服务的内容、提供者、形式、质量、价格、允诺等有表示的，应当准确、清楚、明白，并明示所附带赠送商品或者服务的情况。

明确广告形式，提高可识别性，与其他非广告信息进行显著区别，对广告形式作出规定。

立法建议如下：

第 33 条 [广告形式要求]

广告使用数据、统计资料、调查结果、文摘、引用语等引证内容的，应当真实、准确，并表明出处。广告应当具有可识别性，能够使消费者辨明其为广告。

二、广告监管

规范广告活动，尤其针对医疗等特定行业，应设立广告审查制度。

立法建议如下：

第 34 条 [广告审查]

发布医疗、药品、医疗器械、农药兽药、保健食品等广告，应当在发布前由国家市场监督管理机构进行审查；未经审查，不得发布。

促进市场监督管理机构加强对广告的监督检查、违法查处，规定广告监管制度。

立法建议如下：

第 35 条 [广告监管]

国家市场监督管理机构负责全国广告监督管理工作。

国家市场监督管理机构应当依据法定职责，加强广告监管，履行现场检查、询问调查、限期提供证明文件、查阅复制资料、查封扣押财物、暂停发布广告等职权。

三、对违法、虚假广告的处理

规制违法、虚假广告，保护消费者合法权益，促进广告业健康发展，对违法、虚假广告的处理作出规定。

立法建议如下：

第36条 [对违法、虚假广告的处理]

市场监督管理机构应当及时发现和依法查处违法广告行为。

广告以虚假或者引人误解的内容欺骗、误导消费者的，构成虚假广告。发布虚假广告，由广告主依法承担民事责任。关系消费者生命健康的商品或者服务的虚假广告，造成消费者损害的，其广告经营者、广告发布者、广告代言人应当与广告主承担连带责任。

第七节 资产评估

一、资产评估对象

明确资产评估对象，更好地推动资产评估工作发展，对评估对象作出规定。

立法建议如下：

第37条 [资产评估对象]

资产评估的评估对象为各类资产，包括不动产、动产、无形资产、企业价值、资产损失或者其他经济权益。

二、评估要求

针对法定事项加强评估，就法定评估作出规定。

立法建议如下：

第 38 条 ［法定评估］

涉及国有资产或者公共利益等法定事项，应当依法委托评估机构评估。

针对自然人、法人或者其他非法人组织，设立自愿评估制度。

立法建议如下：

第 39 条 ［自愿评估］

自然人、法人或者其他非法人组织需要确定评估对象价值的，可以自愿委托评估机构评估，但法律另有规定的除外。

保持评估独立公正，满足评估工作的严格要求，对评估机构及其人员的工作提出要求。

立法建议如下：

第 40 条 ［评估的独立公正］

评估机构应当依法独立公正开展业务，保证评估报告的客观真实。评估专业人员应当依法从事业务，独立分析估算。

三、评估责任

确定评估对象价值，维护资产评估当事人合法权益和公共利益，对资产评估效力作出规定。

立法建议如下：

第 41 条 ［资产评估效力］

资产评估报告具有法律效力。委托人或者评估报告使用人应当按照法律规定和评估报告载明的使用范围使用评估报告。

明确评估机构、人员对评估报告的责任，提高评估工作的责任意识，对资产评估责任作出规定。

立法建议如下：

第 42 条 ［资产评估责任］

评估机构及其评估专业人员对其出具的评估报告依法承担责任。发现虚假评估的，应当撤销；发现评估不实的，要求补正。

第八节　认证、认可

一、认证要求

认证，是指由认证机构证明产品、服务、管理体系符合相关技术规范及其强制性要求或者标准的评定活动。为规范认证工作，落实认证责任，设立认证制度。

立法建议如下：

第 43 条 ［认证］

认证应当真实、准确。

认证结论经认证人员签字后，由认证机构负责人签署。认证机构及其认证人员对认证结果依法承担责任。

二、认可要求

认可，是指由认可机构对认证机构、检查机构、实验室以及认证活动人员的能力和执业资格，予以承认的评定活动。为规范认可工作，有效使用认可证书和认可标志，设立认可制度。

立法建议如下：

第 44 条 ［认可］

认可应当真实、明确。

认可机构在评审之后，作出是否给予认可的决定，确保认可的客观公正和完整有效，对认可结论依法承担责任。

取得认可的机构可以在取得认可的范围内使用认可证书和认可标志。

第九节　经济信用

一、国内经济信用

"社会主义市场经济是信用经济、法治经济。"[1]中共中央办公厅、国务院办公厅印发《关于推进社会信用体系建设高质量发展促进形成新发展格局的意见》（2022 年），为夯实市场基础提出经济信用政策指导。完善经济信用体系乃发展之需，设置经济信用的一般条款。特别注意，法人和其他组织统一社会信用代码相当于该组织的"集体身份证"。

立法建议如下：

第 45 条［经济信用］

国家有关管理机构制定统一社会信用代码。

健全现代经济信用体系，维持经济信用秩序，推动经济信用交易，提高经济信用化水平。

提高计量、标准、认证认可、检验检测等方面的诚信要求，培育质量信用标杆企业，规定质量信用制度。

立法建议如下：

第 46 条［质量信用］

提高质量诚信要求，创建中国品牌，保护中华老字号，培育质量信用企业。

增强投资者信心，激活经济动能，规定投资信用制度。

立法建议如下：

---

〔1〕习近平：《在企业家座谈会上的讲话》，载《习近平著作选读》（第 2 卷），人民出版社 2023 年版，第 322 页。

第 47 条〔投资信用〕

在招商引资活动中依法诚信履约，增强投资者信心，建立健全政府失信责任追究制度。

稳固贸易在拉动经济发展中的作用，提升贸易信誉，加快内外贸一体化发展，规定贸易信用制度。

立法建议如下：

第 48 条〔贸易信用〕

建设内外贸一体化发展的贸易信用体系，发展贸易信用保险，创新贸易信用结算工具，加强贸易信用评价。

加强金融消费者权益保护，推动资本市场发展，规定金融信用制度。

立法建议如下：

第 49 条〔金融信用〕

健全金融市场诚信档案，实施金融信用承诺制度，依法从严查处金融信用重大案件。

在消费领域实施信用工程，保护消费者合法权益，规定消费信用制度。

立法建议如下：

第 50 条〔消费信用〕

消费者在消费活动中应当履行守信义务。在消费领域实施信用工程，建立跨地区跨部门跨行业信用信息共享共用机制。

二、对外经济信用

推进国际互认合作，加强对外经济信用，规定进出口信用制度。

立法建议如下：

第 51 条［进出口信用］

推进国际互认合作，优化出口信用保险等外贸制度，健全进出口信用修复制度，设立严重失信主体名单。

促进对外经济发展，构建公正合理的国际合作信用体系，规定国际合作信用制度。

立法建议如下：

第 52 条［国际合作信用］

加强对外经济领域信用建设，完善守信激励和失信惩戒措施，健全国际合作信用体系。

第十节　市场准入

一、全国统一市场准入制度

全面覆盖商品、服务、技术、资本的准入，设置市场准入条件。

立法建议如下：

第 53 条［市场准入条件］

国家明确商品、服务、技术、资本等生产要素和生活要素进入市场的条件，规范市场准入门槛。

严格落实"一张清单"管理模式，提升全国范围互通互认互用效力，建立全国市场准入统一管理制度。

立法建议如下：

第 54 条［全国市场准入统一管理］

实施市场准入"一张清单"管理模式，开展市场准入效能评估，对经营范围登记进行统一管理，制定通用性资格清单，提升全国范围内的互通互认互用效力。

二、市场准入负面清单制度

市场准入负面清单制度，指国务院以负面清单方式列出在中国境内禁止和限制投资经营的行业、领域、业务等，各级政府依法采取管理措施的一系列制度安排。市场准入负面清单以外的行业、领域、业务等，各类市场主体依法平等进入。《国务院关于实行市场准入负面清单制度的意见》（2015年）提出负面清单事项。从2018年起正式实行全国统一的市场准入负面清单制度。为规范禁止准入事项、限制准入事项，推动负面清单在经济领域的实施，设立市场准入负面清单制度。

立法建议如下：

第55条 ［市场准入负面清单］

全国实施统一的市场准入负面清单制度。

市场准入负面清单包括禁止准入类和限制准入类，分别适用于各类市场主体的初始投资、扩大投资、并购投资等投资经营行为及其他市场进入行为。

保障市场准入负面清单的有效实施，促进公众参与，建立负面清单动态调整制度。

立法建议如下：

第56条 ［负面清单动态调整］

加强市场准入负面清单论证评估，根据实际情况和需要，及时作出动态调整。

促进各类市场主体依法平等进入"非禁"行业、领域、业务，对市场主体非禁即入作出规定。

立法建议如下：

第57条 ［非禁即入］

对市场准入负面清单以外的行业、领域、业务，各类市场主体依法平等进入。各级政府及其他组织不得自行设立、擅自提高市场准入门槛。

第十一节　市场主体登记管理

一、登记事项

证照改革是规范市场准入的重要方向，为稳步推进"证照分离""照后减证"，对证照分离作出规定。

立法建议如下：

第58条［证照分离］

推进工商证照改革，实施证照分离、照后减证，加强事中事后监管。

显示市场主体的基本情况，规定市场主体的一般登记事项。

立法建议如下：

第59条［一般登记事项］

市场主体的一般登记事项应记载在册，包括：名称，主体类型，经营范围，住所或者主要经营场所，注册资本或者出资额，法定代表人、执行事务合伙人或者负责人姓名。

按照公司、个人独资企业、合伙企业、个体工商户的不同情况，规定市场主体的特别登记事项。

立法建议如下：

第60条［特别登记事项］

公司应当登记有限责任公司股东、股份有限公司发起人、非公司企业法人出资人的姓名或者名称等事项。

个人独资企业应当登记投资人姓名及居所等事项。

合伙企业应当登记合伙人名称或者姓名、住所、承担责任方式等事项。

个体工商户应当登记经营者姓名、住所、经营场所等事项。

二、登记条件

标示名称、住所（场所）、法定代表人、出资、经营范围等条件，设置市场主体的登记条件条款。

立法建议如下：

第61条〔登记条件〕

市场主体应当符合主体名称、住所或者主要经营场所、法定代表人、注册资本或者出资额、经营范围等登记条件。

三、登记程序

区分当场登记、延后登记、补正、不予登记等情况，规定市场主体的设立登记制度。

立法建议如下：

第62条〔设立登记〕

市场主体实行实名登记，对申请材料齐全、符合法定形式的予以确认并当场登记；对申请材料欠缺的，可以补正材料、延后登记。登记申请不符合规定，或者可能危害国家安全、社会公共利益的，登记机关不予登记并说明理由。

在设立登记之后，市场运行过程中还存在各类变更情形，为此规定变更登记制度。

立法建议如下：

第63条〔变更登记〕

市场主体变更登记事项，应当自作出变更决议、决定或者法定变更事项发生之日起的规定期限内向登记机关申请变更登记。市场主体变更登记涉及营业执照记载事项的，登记机关应当及时为市场主体换发营业执照。

妥善解决市场主体终止问题，要求向登记机关申请注销登记。

立法建议如下：

第 64 条 ［注销登记］

市场主体因解散、被宣告破产或者其他法定事由需要终止的，应当依法向登记机关申请注销登记。经登记机关注销登记，市场主体终止。

四、登记效力

对登记办理、营业执照签发进行规范，设置登记效力制度。

立法建议如下：

第 65 条 ［登记效力］

登记机关依法予以登记的，签发营业执照，营业执照签发日期为市场主体的成立日期。电子营业执照与纸质营业执照具有同等法律效力。

第十二节　市场退出

一、市场退出类别

规范企业等市场主体的退出，维护市场秩序，保障市场安全，设置市场退出的一般条款。

立法建议如下：

第 66 条 ［市场退出］

明确企业等市场主体退出市场的条件，完善市场退出制度。

为保障市场主体便利有序地退出，建立主动退出制度。

立法建议如下：

第 67 条 ［主动退出］

简化普通注销程序，健全企业破产和自然人破产制度，保障市场主体退出的便利、有序。

在主动退出的同时，基于各种严重违法失信行为，实行强制退出制度。

立法建议如下：

第 68 条 ［强制退出］

对长期未履行年报义务、严重侵害消费者权益等严重违法失信企业，强制退出市场。

对违反法律法规禁止性规定或达不到节能环保、安全生产、食品药品、工程质量等强制性标准的市场主体，依法取缔、吊销证照。

由于自然灾害、事故灾难、公共卫生事件、社会安全事件等，市场主体自主决定在一定时期内歇业，相应规定歇业及恢复营业制度。

立法建议如下：

第 69 条 ［歇业及恢复营业］

市场主体因经营困难，可以自主决定在一定时期内歇业。市场主体应当在歇业前与职工依法协商劳动关系处理等有关事项。市场主体在歇业期间开展经营活动的，视为恢复营业。

二、企业破产

公平清理企业债权债务，保护各方合法权益，规定企业破产制度。

立法建议如下：

第 70 条 ［企业破产］

企业法人不能清偿到期债务，并且资产不足以清偿全部债务或者明显缺乏清偿能力的，依法进入破产程序。

明确债务人申请、债权人申请、负有清算责任的人申请等情形，规定企业破产申请制度。

立法建议如下：

第71条 ［企业破产申请］

债务人可以向人民法院提出重整、和解或者破产清算申请。

债务人不能清偿到期债务，债权人可以向人民法院提出对债务人进行重整或者破产清算的申请。

企业法人已解散但未清算或者未清算完毕，资产不足以清偿债务的，依法负有清算责任的人应当向人民法院申请破产清算。

规范重整情形，明确重整期间，推动重整计划执行，规定重整制度。
立法建议如下：

第72条 ［重整］

债务人或者债权人可以直接向人民法院申请对债务人进行重整。债权人申请对债务人进行破产清算的，在人民法院受理破产申请后、宣告债务人破产前，债务人或者出资额占债务人注册资本一定比例以上的出资人，可以向人民法院申请重整。

自人民法院裁定债务人重整之日起至重整程序终止，为重整期间。

重整计划由债务人负责执行。

为妥善处理债务问题，规范和解行为，促进和解协议的执行，规定和解制度。
立法建议如下：

第73条 ［和解］

债务人可以直接向人民法院申请和解；也可以在人民法院受理破产申请后、宣告债务人破产前，向人民法院申请和解。

经人民法院裁定认可的和解协议，对债务人和全体和解债权人均有约束力。债务人应当按照和解协议规定的条件清偿债务。

完善破产财产清算程序，保障破产财产相关权益，规定破产财产清算制度。
立法建议如下：

第74条〔破产财产清算〕

依法进行破产财产清算，理清破产财产与债权的关系，合理处理破产财产。

完善破产财产清偿顺序，落实破产财产清偿，规定破产财产清偿制度。
立法建议如下：

第75条〔破产财产清偿〕

破产财产在优先清偿破产费用和共益债务后，按照工资、补助补偿、特定社保、其他社保费用和破产人所欠税款、普通破产债权的清偿顺序进行。
破产财产不足以清偿同一顺序的清偿要求的，按照比例分配。

企业破产最后要完成终结程序，设立破产终结制度。
立法建议如下：

第76条〔企业破产终结〕

管理人应当持终结破产程序的裁定，向破产人的原登记机关办理注销登记。

三、个人破产

个人破产是破产制度的特别情况，为保障自然人丧失清偿债务能力或资不抵债时的合法权益，进行个人破产立法设计。
立法建议如下：

第77条〔个人破产〕

自然人因生产经营、生活消费导致丧失清偿债务能力或者资产不足以清偿全部债务的，可以依法进行破产清算。

允许个人破产首先要明确申请个人破产的法定条件。
立法建议如下：

第78条 ［个人破产条件］

申请个人破产，必须符合以下条件：

（一）参加特定地区社会保险连续满三年的自然人；

（二）从事生产经营、生活消费；

（三）导致丧失清偿债务能力或者资产不足以清偿全部债务。

对个人破产采取系列特别保护措施，如豁免财产、财产撤销。

立法建议如下：

第79条 ［个人破产特别保护］

为保障债务人及其所扶养人的基本生活权利，依法为其保留豁免财产。

个人破产申请提出前二年内，涉及债务人财产的法定处分行为，破产管理人有权请求人民法院予以撤销。

依照法定顺序清偿，规范重整计划，达成破产和解，建立个人破产救济制度。

立法建议如下：

第80条 ［个人破产救济］

债务人或者管理人制定重整计划，经人民法院裁定批准，执行重整计划。

可以向法院申请和解，也可以自行委托和解，达成和解协议。

第三章

市场交易及其监管法律制度

市场交易，是市场机制调节的基本内容之一。

市场交易及其监管制度，基本素材可见之于《宪法》相关内容，《电子商务法》《烟草专卖法》等经济法律和《直销管理条例》《禁止传销条例》《食盐专营办法》等经济法规。

与《经济法典》"总则"市场交易及其监管法律制度总体条文相呼应，现探讨本章的具体制度设计。

第一节　自由交易

一、市场交易行为

为促进交易、调配资源，设置市场交易的一般条款。

立法建议如下：

第81条 ［市场交易一般条款］

市场交易行为是指市场主体在生产经营活动中，建立经济交流关系、体现等价交换所实施的行为。

国家建立高标准市场体系，鼓励自由交易，降低制度性交易成本，对新产业新业态实施包容审慎监管。

设置自由交易的条款，对质量、价格、计量等方面提出明确要求。

立法建议如下：

第 82 条 ［自由交易要求］

市场自由交易应当符合质量保障、价格合理、计量准确等交易条件。

二、交易方式

规范直销行为，加强直销活动监管，对厂家直销作出规定。

立法建议如下：

第 83 条 ［厂家直销］

直销厂家，可以在固定营业场所之外直接向最终消费者推销产品。直销厂家及其直销员从事直销活动，不得有欺骗、误导行为。

与现场交易相比，要创新线上交易模式，设立线上交易制度。

立法建议如下：

第 84 条 ［线上交易］

发展线上交易，规范线上交易平台，实施线上综合监管。

与现货交易相比，期货交易要完善交易场所，规范期货交易机制。

立法建议如下：

第 85 条 ［期货交易］

发展期货交易，稳妥推进期货市场开放，完善账户实名制、保证金、持仓限额等制度。

三、电子商务

满足线上要求，履行法定保护义务，接受社会监督，设置电子商务一般条款。

立法建议如下：

第 86 条 ［电子商务基本要求］

发展电子商务，加强消费者权益保护、知识产权保护、个人信息保护，保障产品和服务质量。

规范市场主体通过互联网等信息网络，从事销售商品或者提供服务，规定电子商务经营者资格问题。

立法建议如下：

第 87 条 [电子商务经营者资格]

电子商务经营者应当依法办理市场主体登记，但个人销售自产农副手工业产品、便民劳务活动、零星小额交易活动除外。

规范电子商务交易，明确进出平台的权利义务，促进公平竞争，对电子商务交易进行规则设计。

立法建议如下：

第 88 条 [电子商务交易规则]

电子商务平台经营者制定电子商务平台服务协议和交易规则，明确进入和退出平台的权利和义务。电子商务平台经营者不得利用交易规则进行不合理限制或者附加不合理条件，或者收取不合理费用。

与纸质版合同相比，电子商务合同的订立有其特殊性，特别规定。
立法建议如下：

第 89 条 [电子商务合同的订立]

电子商务经营者发布的商品或者服务信息符合要约条件的，用户选择该商品或者服务并提交订单成功，合同成立；当事人另有约定的除外。电子商务当事人使用自动信息系统订立或者履行合同的行为，对使用该系统的当事人具有约束力。

规范交付时间、支付方式，促进合同履行，设立电子商务合同履行制度。
立法建议如下：

第 90 条 [电子商务合同的履行]

电子商务当事人可以约定采用快递物流方式交付商品，约定采用电子支付方式支付价款。合同标的为交付商品并采用快递物流方式交付的，收货人签收时间为交付时间。合同标的为提供服务的，生成的电子凭证或者实物凭证中载明的时间为交付时间。

健全电子商务基础设施，加快国际电子商务发展，对促进电子商务发展进行规定。
立法建议如下：

第91条 [电子商务促进]

推动环保包装、仓储、运输，健全电子商务基础设施和物流网络建设，促进电子商务发展。
建立国际电子商务的交流合作，促进电子签名、电子身份等国际互认。

及时受理投诉举报，鼓励在线解决纠纷，妥善配置赔偿机制，对电子商务纠纷处理作出规定。
立法建议如下：

第92条 [电子商务纠纷处理]

电子商务经营者应当公开投诉、举报方式等信息，及时受理并处理投诉、举报。电子商务争议可以通过和解、调解、仲裁、诉讼等方式解决，建立在线解决机制。电子商务平台经营者承担先行赔偿责任，电子商务平台经营者赔偿后向负有责任的平台内经营者追偿。

四、专卖、专营

有效实施烟草专卖许可证，规范烟草包装标识，设立烟草专卖制度。
立法建议如下：

第93条 [烟草专卖]

国家对烟草专卖品的生产、销售、进出口，实行烟草专卖许可证制度。烟草制品包装上应当标明焦油量级和"吸烟有害健康"。禁止在广播电台、电视台、报刊和各种公共场合播放、刊登、设置烟草制品广告。

食盐是日常饮食所需，应当加强对食盐的管理，设立食盐专营制度。

立法建议如下：

第94条 [食盐专营]

国家保障科学加碘，确保食盐供应和质量安全。实行食盐定点生产、批发制度，非食盐定点生产、批发企业不得经营食盐。

五、特许经营

规范特许服务，提升经营能力，设立特许经营制度。

立法建议如下：

第95条 [特许经营]

在特许经营中，特许人应当向被特许人提供特许经营操作手册，并按照约定为被特许人持续提供经营指导、技术支持、业务培训等服务。

未经特许人同意，被特许人不得向他人转让特许经营权。

第二节　市场交易监管

一、一般监管

规范市场交易监督检查，依法查处各类市场交易违法行为，设立市场交易监督检查制度。

立法建议如下：

第96条 [市场交易监督检查]

市场监督管理机构依法监督管理市场交易、网络交易行为，查处违法收费、不正当竞争、违法广告、违法直销、传销、侵犯知识产权、制售假冒伪劣商品、无证无照生产经营等行为。市场监管综合执法队伍组织查处重大违法案件。

发展一站式多元纠纷解决，做好非诉与诉讼程序的对接，对市场交易纠纷处理作出规定。

立法建议如下：

第97条 ［市场交易纠纷处理］

发展市场交易纠纷的调解、仲裁，构建一站式多元纠纷解决机制，建立市场交易纠纷处置的诉讼与非诉对接机制。

二、禁止传销

鉴于传销的社会危害性极大，为加强对传销行为的查处，规定传销查处制度。

立法建议如下：

第98条 ［传销查处］

对涉嫌传销行为进行查处，可以责令停止相关活动，实施现场检查，查阅、复制、查封、扣押相关资料，查封、扣押相关财物，查封经营场所，查询账户等，冻结资金。对于经查证属于传销行为的，市场监督管理机构、公安机关可以向社会公开发布警示、提示。

传销行为构成犯罪的，依法追究刑事责任。

第四章 ────────

市场竞争及其监管法律制度

市场竞争，是市场机制调节的基本内容之一。

市场竞争及其监管制度，基本素材可见之于《宪法》相关内容，《反垄断法》《反不正当竞争法》等经济法律。

与《经济法典》"总则"市场竞争及其监管法律制度总体条文相呼应，现探讨本章的具体制度设计。

第一节 公平竞争

一、公平竞争基本要求

有市场就有竞争。确立市场竞争政策的基础性地位，设置市场竞争的一般条款。

立法建议如下：

第 99 条 [市场竞争一般条款]

市场竞争行为是指市场主体在生产经营活动中，建立经济较量关系、体现优胜劣汰所实施的行为。

国家确立市场竞争政策的基础性地位，鼓励公平竞争，建立竞争政策与产业、投资等政策的协调机制。

推进竞争性环节市场化改革，强化自然垄断行业的竞争执法，对自然垄断行业经济的竞争作出规定。

立法建议如下：

第 100 条 ［自然垄断行业经济的竞争］

推进自然垄断行业、公用事业竞争性环节市场化改革，放开竞争性业务准入。

二、公平竞争审查制度

《国务院关于在市场体系建设中建立公平竞争审查制度的意见》（2016年）提出建立公平竞争审查制度。明确公平竞争审查标准，强化公平竞争审查制度的刚性约束，设立公平竞争审查制度。

立法建议如下：

第 101 条 ［公平竞争审查］

行政机关和公共事务组织在制定涉及市场主体经济活动的规定时，应当进行公平竞争审查。

公平竞争审查标准，包括市场准入和退出标准、商品和要素自由流动标准、影响生产经营成本标准、影响生产经营行为标准。

从独立、专业角度对公平竞争政策及其实施情况加强监督约束，引入第三方机构对公平竞争评估。

立法建议如下：

第 102 条 ［引入第三方对公平竞争评估］

公平竞争政策制定机关根据工作实际，委托具备相应评估能力的高等院校、科研院所、专业咨询公司等第三方机构，对公平竞争规定及其实施情况进行评估。

第二节　反垄断

一、垄断行为

对垄断行为的界定，既包括一般条款，也包括具体列举。对垄断行为的一般条款作出规定。

立法建议如下：

第 103 条 ［反垄断一般条款］

垄断行为是指在生产经营活动中，对市场竞争产生排除、限制影响的行为。

国家积极开展反垄断，防止和制止垄断行为。

经营者不得利用数字技术等手段非法从事垄断行为。

为规范反垄断委员会的组织、协调、指导工作，对反垄断委员会的职能专作规定。

立法建议如下：

第 104 条 ［反垄断委员会职能］

国家反垄断委员会负责组织、协调、指导反垄断工作，履行下列职责：研究拟订有关竞争政策；组织调查、评估市场总体竞争状况，发布评估报告；制定、发布反垄断指南；协调反垄断行政执法工作；国务院规定的其他职责。

推动反垄断执法机构的反垄断统一执法工作，进一步完善反垄断执法体制，规定反垄断执法制度。

立法建议如下：

第 105 条 ［反垄断执法］

国家反垄断执法机构负责反垄断统一执法工作。国家反垄断执法机构根据工作需要，可以授权省、自治区、直辖市人民政府相应的机构，负责有关反垄断执法工作。

规范对垄断行为的调查，充分考虑中止调查、终止调查、恢复调查等特殊情况，设立垄断行为调查制度。

立法建议如下：

第 106 条 ［垄断行为调查］

反垄断执法机构调查涉嫌垄断行为，可以采取进入场所检查、询问、查阅、复制、查封、扣押、查询账户等措施。

对反垄断执法机构调查的涉嫌垄断行为，被调查的经营者承诺在反垄断执法机构认可的期限内采取具体措施消除该行为后果的，反垄断执法机构可以决定中止调查。

反垄断执法机构决定中止调查的，应当对经营者履行承诺的情况进行监督。经营者履行承诺的，反垄断执法机构可以决定终止调查。

应当恢复调查的情形包括：经营者未履行承诺的；作出中止调查决定所依据的事实发生重大变化的；中止调查的决定是基于经营者提供的不完整或者不真实的信息作出的。

为保障被调查者的权利，依法举报、陈述意见，对被调查者的权利作出规定。

立法建议如下：

第 107 条 ［被调查者的权利］

对涉嫌垄断行为，任何单位和个人有权向反垄断执法机构举报，反垄断执法机构应当为举报人保密。

被调查的经营者、利害关系人有权陈述意见。

事情往往有一般，也有例外。作出反垄断法的除外规定，也是从实际出发的，包括知识产权保护、农业保护方面。

立法建议如下：

第 108 条 ［反垄断法的除外］

经营者依照有关知识产权的法律、行政法规规定行使知识产权的行为，不适用反垄断法；但是，经营者滥用知识产权，排除、限制竞争的行为，适用反垄断法。

农业生产者及农村经济组织在农产品生产经营活动中实施的联合或者协

同行为，不适用反垄断法。

二、被禁止的经济性垄断行为之一：垄断协议

制止垄断协议，保护市场公平竞争，对垄断协议进行规制。

立法建议如下：

第109条［垄断协议］

禁止排除、限制竞争的协议、决定或者其他协同行为。

规制具有竞争关系的经营者达成垄断协议，对横向垄断协议情形作出列举。

立法建议如下：

第110条［横向垄断协议情形］

禁止具有竞争关系的经营者达成下列垄断协议：
（一）固定或者变更商品价格；
（二）限制商品的生产数量或者销售数量；
（三）分割销售市场或者原材料采购市场；
（四）限制购买新技术、新设备或者限制开发新技术、新产品；
（五）联合抵制交易；
（六）国家反垄断执法机构认定的其他垄断协议。

规制经营者与交易相对人达成垄断协议，对纵向垄断协议情形作出列举。

立法建议如下：

第111条［纵向垄断协议情形］

禁止经营者与交易相对人达成下列垄断协议：
（一）固定向第三人转售商品的价格；
（二）限定向第三人转售商品的最低价格；
（三）国家反垄断执法机构认定的其他垄断协议。

考量技术改进、质量提高、效率提升、社会公共利益、应对不景气、对外正当利益等情形，垄断协议可有除外规定。

立法建议如下：

第112条 ［垄断协议的除外］

垄断协议的除外规定包括：

（一）改进技术、研究开发新产品；

（二）提高产品质量、降低成本、增进效率；

（三）增强中小经营者竞争力；

（四）实现节约能源、保护环境、救灾救助等社会公共利益；

（五）应对经济不景气；

（六）保障对外贸易和对外经济合作中的正当利益；

（七）法律和国务院规定的其他情形。

三、被禁止的经济性垄断行为之二：滥用市场支配地位

制止滥用市场支配地位，保护市场公平竞争，对滥用市场支配地位进行规制。

立法建议如下：

第113条 ［滥用市场支配地位］

禁止经营者在相关市场内具有能够控制商品价格、数量或者其他交易条件，或者能够阻碍、影响其他经营者进入相关市场能力的市场地位。

规制价格严重不公平、拒绝交易、限定交易、搭售、附加不合理条件、差别待遇等情形，对滥用市场支配地位情形作出列举。

立法建议如下：

第114条 ［滥用市场支配地位情形］

禁止具有市场支配地位的经营者从事下列滥用市场支配地位的行为：

（一）以不公平的高价销售商品或者以不公平的低价购买商品；

（二）没有正当理由，以低于成本的价格销售商品；

（三）没有正当理由，拒绝与交易相对人进行交易；

（四）没有正当理由，限定交易或者指定交易；

（五）没有正当理由搭售商品，或者附加其他不合理的交易条件；

（六）没有正当理由，对条件相同的交易相对人实行差别待遇；

（七）国家反垄断执法机构认定的其他滥用市场支配地位的行为。

经营者的市场支配地位应有相应的认定因素，专作规定。

立法建议如下：

第 115 条 ［市场支配地位认定因素］

经营者是否具有市场支配地位，应当依据市场份额及相关市场竞争状况、控制市场能力、财力和技术条件、交易依赖程度、进入相关市场难易程度等因素加以认定。

除了认定因素之外，经营者具有市场支配地位的推定，也有不同情形，专作规定。

立法建议如下：

第 116 条 ［市场支配地位推定情形］

经营者在相关市场的市场份额达到法律确定的比例，可以推定经营者具有市场支配地位。

四、被禁止的经济性垄断行为之三：经营者集中

制止经营者集中，保护市场公平竞争，对经营者集中进行规制。

立法建议如下：

第 117 条 ［经营者集中］

经营者不得从事具有或者可能具有排除、限制竞争效果的集中。

有效规制经营者集中，有必要明确经营者集中情形，进行具体列举。

立法建议如下：

第118条 ［经营者集中情形］

经营者集中情形具体包括：

（一）经营者合并；

（二）经营者通过取得股权或者资产的方式取得对其他经营者的控制权；

（三）经营者通过合同等方式取得控制权或者施加决定性影响。

对经营者集中，达到或未达到国务院规定的申报标准，规定不同的申报制度。

立法建议如下：

第119条 ［经营者集中申报］

经营者集中达到国务院规定的申报标准的，经营者应当事先向国家反垄断执法机构申报，未申报的不得实施集中。

经营者集中未达到国务院规定的申报标准，但有证据证明该经营者集中具有或者可能具有排除、限制竞争效果的，国家反垄断执法机构可以要求经营者申报。

符合法定情形，可以不向国家反垄断执法机构申报。

规范经营者集中的申报资料，完善申报程序，设立申报资料制度。

立法建议如下：

第120条 ［申报材料］

经营者向国家反垄断执法机构申报集中，应当提交申报书、市场竞争状况影响说明、集中协议、上一会计年度财务会计报告。

专门规定审查经营者集中的因素，有针对地审查经营者集中。

立法建议如下：

第121条 ［经营者集中的审查因素］

审查经营者集中，包括市场份额、市场控制力、市场集中度、对市场进入与技术进步的影响、对消费者和其他有关经营者的影响、对国民经济发展的影响等因素。

对经营者集中进行审查，要完善初步审查程序，规定初步审查制度。

立法建议如下：

第122条 [初步审查]

国家反垄断执法机构应当自收到经营者提交的文件、资料之日起三十日内，对申报的经营者集中进行初步审查，作出是否实施进一步审查的决定，并书面通知经营者。

国家反垄断执法机构作出决定前，经营者不得实施集中。

国家反垄断执法机构作出不实施进一步审查的决定或者逾期未作出决定的，经营者可以实施集中。

在初步审查基础上，强化进一步审查，为此对进一步审查进行规定。

立法建议如下：

第123条 [进一步审查]

国家反垄断执法机构决定实施进一步审查的，应当自决定之日起九十日内审查完毕，作出是否禁止经营者集中的决定，并书面通知经营者。审查期间，经营者不得实施集中。

当经营者同意延长审查期限、文件与资料需要进一步核实、有关情况发生重大变化时，可以延长前款规定的审查期限，但最长不得超过六十日。

在审查过程中，可以中止计算审查期限，作为经营者集中问题的特殊情形。

立法建议如下：

第124条 [中止计算审查期限]

符合法定情形，可以中止计算审查期限。自中止计算审查期限的情形消除之日起，审查期限继续计算。

经营者集中存在不予禁止的情形，作出相应规定。

立法建议如下：

第 125 条［不予禁止集中情形］

经营者能够证明该集中对竞争产生的有利影响明显大于不利影响，或者符合社会公共利益的，国家反垄断执法机构可以作出对经营者集中不予禁止的决定。

为规范经营者集中的分类、分级，更好地对经营者集中进行审查，引入分类分级审查制度。

立法建议如下：

第 126 条［分类分级审查制度］

国家反垄断执法机构应当健全经营者集中分类分级审查制度，依法加强对涉及国计民生等重要领域的经营者集中的审查。

对外资并购境内企业或者以其他方式参与经营者集中的，规定国家安全审查制度，保障国家经济安全。

立法建议如下：

第 127 条［国家安全审查］

对外资并购境内企业或者以其他方式参与经营者集中，涉及国家安全的，应当依法进行国家安全审查。

五、反行政性垄断

制止行政性垄断，提高市场运行效率，对行政性垄断进行规制。

立法建议如下：

第 128 条［行政性垄断］

行政机关和公共事务组织不得滥用行政权力，排除、限制竞争。

禁止滥用行政权力限定或者变相限定指定商品，对商品营销领域的行政性垄断行为进行规制。

立法建议如下：

第 129 条［指定经营商品］

行政机关和公共事务组织不得滥用行政权力，限定或者变相限定单位或者个人经营、购买、使用其指定的经营者提供的商品。

禁止滥用行政权力妨碍进入市场，对妨碍进入市场的行政性垄断行为进行规制。

立法建议如下：

第 130 条［妨碍进入市场］

行政机关和公共事务组织不得滥用行政权力，通过与经营者签订合作协议、备忘录等方式，妨碍其他经营者进入相关市场或者对其他经营者实行不平等待遇。

禁止滥用行政权力妨碍商品流通，对商品流通领域的行政性垄断行为进行规制。

立法建议如下：

第 131 条［妨碍商品流通］

行政机关和公共事务组织不得滥用行政权力，妨碍商品在地区之间的自由流通。

禁止滥用行政权力限制招投标，对招投标领域的行政性垄断行为进行规制。

立法建议如下：

第 132 条［限制招投标］

行政机关和公共事务组织不得滥用行政权力，以设定歧视性资质要求、评审标准或者不依法发布信息等方式，排斥或者限制经营者参加招标投标等经营活动。

党政机关、事业单位工作人员不得违法插手工程、采购等招投标项目、业务。

禁止滥用行政权力限制投资，对投资领域的行政性垄断行为进行规制。

立法建议如下：

第 133 条 ［限制投资］

行政机关和公共事务组织不得滥用行政权力，采取与本地经营者不平等待遇等方式，排斥、限制、强制或者变相强制外地经营者在本地投资或者设立分支机构。

禁止滥用行政权力强制从事垄断行为，对此类强制行为进行规制。

立法建议如下：

第 134 条 ［不得强制从事垄断行为］

行政机关和公共事务组织不得滥用行政权力，强制或者变相强制经营者从事相关垄断行为。

禁止滥用行政权力制发垄断规定，对制发此类规定的行政性垄断行为进行规制。

立法建议如下：

第 135 条 ［不得违法制发垄断规定］

行政机关和公共事务组织不得滥用行政权力，制定含有排除、限制竞争内容的规定。

第三节　反不正当竞争

一、不正当竞争行为

对不正当竞争行为的界定，既包括一般条款，也包括具体列举。对不正当竞争行为的一般条款作出规定。

立法建议如下：

第 136 条 ［反不正当竞争一般条款］

不正当竞争行为是指经营者在生产经营活动中，扰乱市场竞争秩序，损害其他经营者或者消费者的合法权益的行为。

国家积极开展反不正当竞争，防止和制止不正当竞争行为。

经营者不得利用数字技术等手段非法从事不正当竞争行为。

混淆、虚假行为均容易引起误解，对实施混淆行为、虚假宣传进行专门规制。

立法建议如下：

第 137 条 ［混淆、虚假行为］

经营者不得实施混淆行为，引人误认为是他人商品或者与他人存在特定联系。

经营者不得对其商品的性能、功能、质量、销售状况、用户评价、曾获荣誉等作虚假或者引人误解的商业宣传，欺骗、误导消费者。经营者不得通过组织虚假交易等方式，帮助其他经营者进行虚假或者引人误解的商业宣传。

侵权、损誉行为均侵犯商业权益，对侵犯商业秘密、损害商誉进行专门规制。

立法建议如下：

第 138 条 ［侵权、损誉行为］

经营者不得实施侵犯商业秘密的行为。经营者以外的其他自然人、法人和非法人组织实施前述所列违法行为的，视为侵犯商业秘密。第三人明知或者应知相关违法行为，仍获取、披露、使用或者允许他人使用该商业秘密的，视为侵犯商业秘密。

经营者不得编造、传播虚假信息或者误导性信息，损害竞争对手的商业信誉、商品声誉。

商业贿赂带有商业引诱性，对商业贿赂进行专门规制。

立法建议如下：

第 139 条 ［商业贿赂］

经营者不得采用财物或者其他手段贿赂相关单位或者个人，以谋取交易机会或者竞争优势。

经营者可以以明示方式向交易相对方支付折扣，或者向中间人支付佣金，应当如实入账。

违法奖售也带有商业引诱性，对违法奖售进行专门规制。

立法建议如下：

第 140 条 ［违法奖售］

经营者不得进行违法的有奖销售，误导消费者购买。

线上经营是时代产物、时代趋势，设计保护网络经营的条款。

立法建议如下：

第 141 条 ［妨碍网络经营］

经营者不得利用技术手段，实施妨碍、破坏其他经营者合法提供的网络产品或者服务运行的行为。

二、反不正当竞争举措

在市场竞争中，企业肩负公平竞争的权利和责任，对企业提出相应要求。

立法建议如下：

第 142 条 ［反不正当竞争：企业责任］

企业应当坚持公平竞争、有序发展，配合市场监督管理机构调查，如实提供有关竞争资料或者情况。

规范反不正当竞争行政执法，制止不正当竞争行为，设立行政执法制度。

立法建议如下：

第143条 [反不正当竞争：行政执法]

国家健全反不正当竞争工作协调机制，研究决定反不正当竞争重大政策，协调处理维护市场竞争秩序的重大问题。

市场监督管理机构依法调查涉嫌不正当竞争行为，加强对不正当竞争行为的行政执法。

加强行业自律，引导、规范会员依法竞争，规定行业举措。

立法建议如下：

第144条 [反不正当竞争：行业举措]

行业组织应当加强行业自律，引导、规范会员依法竞争，维护市场竞争秩序。

鼓励、支持和保护社会监督，保护单位和个人的举报权益，规定相应的社会举措。

立法建议如下：

第145条 [反不正当竞争：社会举措]

国家鼓励、支持和保护一切组织和个人对不正当竞争行为进行社会监督。

对涉嫌不正当竞争行为，任何单位和个人有权向监督检查机构举报。监督检查机构接到举报后应当依法及时处理，并为举报人保密。

第五章

市场合作及其监管法律制度

市场合作，是市场机制调节的基本内容之一。

经济法中不单要讲"竞争"，还要讲"合作"。改革开放文件中，大量提到"合作"一词。合作与竞争往往有所交织。

市场合作及其监管制度，基本素材可见之于《宪法》相关内容及有关政策规定。

与《经济法典》"总则"市场合作及其监管法律制度总体条文相呼应，现探讨本章的具体制度设计。

第一节　平等合作

一、市场合作行为

有市场就有合作。对市场合作行为的界定，既包括一般条款，也需要具体列举。对市场合作行为的一般条款作出规定。

立法建议如下：

第146条［市场合作一般条款］

市场合作行为是指市场主体在生产经营活动中，建立经济互利关系所实施的行为。

国家鼓励平等合作，加强经济联系，实现互利共赢。

二、市场合作模式

从紧密度、合作范围等不同角度划分，设立市场合作的类型。

立法建议如下：

第147条 ［市场合作类型］

市场合作可以采用紧密型合作、半紧密型合作或者松散型合作。
市场合作可以是整体性合作，也可以是专项性合作。

为促进国内单位合作，发挥各自经济优势，形成经济合力，规定国内单位合作制度。
立法建议如下：

第148条 ［国内单位合作］

加强国内单位的经济合作，促进对口合作，推进深度战略合作。

立足国内，省与省之间、市（县）与市（县）之间都可进行区域合作，规定国内区域合作制度。
立法建议如下：

第149条 ［国内区域合作］

健全国内区域合作机制，促进省与省之间、市（县）与市（县）之间的经济合作。

从贸易、互联网、金融等角度深化治理改革，规定国际双边、多边合作制度。
立法建议如下：

第150条 ［国际双边、多边合作］

维护双边、多边合作体制，反对保护主义、单边主义，共同培育全球发展新动能。建立多边、民主、透明的互联网治理体系，推动多边金融机构深化治理改革，创新金砖国家、上海合作组织等合作机制。

搭建国际合作平台，加强与发展中国家的合作，深化拓展全球伙伴关系，为此进行专门规定。

立法建议如下：

第 151 条 ［全球合作］

中国愿与各国共同维护世界产业链供应链稳定畅通，深度参与国际产业分工和合作，拓展全球合作伙伴关系。

三、市场合作组织

农民专业合作社是农村市场合作的重要形式，为明确业务范围，完善治理机制，专设规定。

立法建议如下：

第 152 条 ［农民专业合作社］

农民专业合作社以其成员为主要服务对象，开展农产品生产经营，开发休闲农业、农村民间工艺、乡村旅游，加强农业生产经营服务。

农民专业合作社成员大会由全体成员组成，是本社的权力机构。农民专业合作社设理事长一名，可以设理事会，理事长为本社的法定代表人。农民专业合作社可以设监事会或者执行监事。

供销合作社是党和政府做好"三农"工作的重要载体。为促进供销合作社的发展，确定业务范围，完善治理机制，专设规定。

立法建议如下：

第 153 条 ［供销合作社］

供销合作社提供农村农业流通服务、农业社会化服务，开展再生资源利用、电子商务，提供信息咨询、技能培训、养老幼教、代理代办等多样化服务。

供销合作社分为基层供销合作社和供销合作社联合社。供销合作社联合社分为县级、市地级、省级地方供销合作社联合社和中华全国供销合作总社。

供销合作社设社员（代表）大会、理事会和监事会，供销合作社联合社设常务理事会。

第二节　市场合作促进与监管

一、合作促进

市场合作中有市场竞争，市场竞争中有市场合作。促进良性竞争、有效合作，设立合作促进制度。

立法建议如下：

第154条〔合作促进〕

在市场合作中形成良性竞争，在市场竞争中促进有效合作。加强市场合作的利益协调，妥善解决市场合作中的纠纷。

二、合作监管

设计分别监管与联合监管措施，既根据合作各方实际情况进行，又统筹合作各方的共同点、汇聚点。

立法建议如下：

第155条〔分别监管与联合监管〕

市场合作必须加强合作各方的分别监管，也要促进对合作各方的联合监管。分别监管要根据合作各方的具体情况进行，联合监管要统筹合作各方的整体联动。

第二分编 市场主体运行

第六章

企业等市场主体发展法律制度

市场的作用，通过市场主体的作为表现出来。十九大提出的"经济体制"的第二句是"微观主体有活力"。《中共中央关于制定国民经济和社会发展第十四个五年规划和二〇三五年远景目标的建议》中，突出要求"激发各类市场主体活力"。故此，将以企业为代表的市场主体的发展法律制度，安排在第一编"市场机制调节"部分。

企业等市场主体发展制度，基本素材可见之于《宪法》相关内容，《公司法》《企业国有资产法》《中小企业促进法》《乡镇企业法》等经济法律和《优化营商环境条例》《全民所有制工业企业转换经营机制条例》《促进个体工商户发展条例》等经济法规。

与《经济法典》"总则"企业等市场主体发展法律制度总体条文相呼应，现探讨本章的具体制度设计。

第一节 企业营商环境

一、企业作为经营者的权利

为保障企业经营权，增强企业活力，提高企业效益，规定企业作为经营者的权利，如同后一章规定"消费者的权利"。必须了解，经营者是权利主体和义务主体的统一体，既主动作为，又接受必要的监管。

立法建议如下：

第 156 条 ［企业作为经营者的权利］

企业作为经营者，依法享有人财物、供产销等方面的自主权。

深化改革，以企业经营自主权为指引，增强发展内生动力。

二、优化企业等市场主体营商环境

发挥比较优势，为企业等市场主体提供稳定、公平、透明、可预期的经营环境，专设营商环境条文。

立法建议如下：

第 157 条 ［企业等市场主体营商环境］

以企业等市场主体需求与产出为导向，优化公共服务，因地制宜培育良好产业生态，营造稳定公平透明可预期的营商环境，激发各类市场主体经营活力。

党的十九大提出："激发和保护企业家精神，鼓励更多社会主体投身创新创业。"企业健康发展要有良好环境，也要有内生动力。弘扬企业家精神，更好发挥企业家作用。

立法建议如下：

第 158 条 ［企业家精神］

弘扬企业家精神，激励企业家创新创业、奋发图强、追求卓越、服务社会，建设先进企业。

三、促进中小企业发展

为支持中小企业创业创新，促进中小企业加快发展，规定中小企业发展促进制度。

立法建议如下：

第159条 [中小企业发展促进]

国家对中小企业加强财税支持、融资促进、创业扶持、创新支持、市场开拓，健全公共服务体系，保护中小企业及其出资人的财产权和其他合法权益。

避免因不当理由拒绝或延迟支付民营企业款项，设立拖欠账款常态化处置机制。

立法建议如下：

第160条 [保障中小企业款项支付]

妥善处置拖欠中小企业款项问题，完善定期披露、劝告指导、投诉处理、主动执法、信用监督、督查巡视机制，依法处理清欠纠纷。

机关、事业单位和大型企业不得以内部人员变更、等待竣工验收等为由，拒绝或延迟支付中小企业款项。

第二节　国有企业发展

一、国有企业定位

《中共中央、国务院关于深化国有企业改革的指导意见》（2015年）提出深化国企改革。必须明确，"国有企业是中国特色社会主义的重要物质基础和政治基础，关系公有制主体地位的巩固，关系我们党的执政地位和执政能力，关系我国社会主义制度"。[1]发挥国有企业在制造强国战略中的作用，对国有企业准确定位。

立法建议如下：

---

〔1〕 习近平：《坚定不移把国有企业做强做优做大》，载《习近平著作选读》（第1卷），人民出版社2023年版，第513页。

第 161 条 [国有企业定位]

国有企业，是指国务院和地方人民政府分别代表国家履行出资人职责的国有独资企业、国有独资公司以及国有资本控股公司。

发挥国有企业在实施制造强国战略中的表率作用，重视技术创新，开展国际化经营，培育具有一流水平的跨国公司。

符合实际情况，按照"一企一策"原则，针对性进行国有企业发展改革，对"一企一策"作出规定。

立法建议如下：

第 162 条 [一企一策]

坚持一企一策、因企施策，推动国有企业发展创新。

二、充分发挥企业党组织的领导作用

在国企改革中，为充分发挥党组织作用，促进加强党的领导和完善公司治理相统一，根据党章原则、精神规定国有企业党组织的地位和作用。

立法建议如下：

第 163 条 [国有企业党组织地位和作用]

确立党的领导在国有企业治理结构中的法定地位，发挥党组织的政治核心作用，促进加强党的领导和完善公司治理相统一。

三、国有企业公益性与商业性的分工和统筹

发挥公益类国有企业和商业类国有企业的不同功能，推动国有经济进一步聚焦战略安全、产业引领、国计民生等功能，专设规定。

立法建议如下：

第 164 条 [国有企业公益类和商业类功能]

商业类国有企业按照市场化要求实行商业化运作，增强国有经济活力，

放大国有资本功能，实现国有资产保值增值。公益类国有企业着力保障民生，提供公共产品和服务。

国有企业应当依法带头履行社会责任。

正确对待政府权力（作为管理者）与政府权利（作为所有权代表）。科学合理界定权利、权力边界，大力促进国有资本投资、运营公司改革，加快国有资本合理流动，设立国有资本投资、运营公司机制。

立法建议如下：

第 165 条 [国有资本投资、运营公司机制]

科学合理界定政府及国资监管机构，国有资本投资、运营公司和所持股企业的权利、权力边界。通过开展投资融资、产业培育、资本整合，完善国有资本投资、运营公司运营机制；通过股权运作、价值管理、有序进退，优化国有资本合理流动机制。

四、国有企业治理结构

规范股东会运作，加强董事会建设，完善监事会民主管理，优化国企治理结构制度。

立法建议如下：

第 166 条 [国企治理结构]

推进国有企业股份制改革，规范股东会、股东大会运作。

推进董事会建设，健全权责对等、运转协调、有效制衡的决策执行监督机制，规范董事长行权行为，维护董事会依法行使重大决策、选人用人、薪酬分配等权利。

国有独资、全资公司的董事会和监事会均应有职工代表，设立外部董事。

健全国家出资企业管理者的选择条件，完善考核、薪酬、奖惩等制度设计，对国家出资企业管理者选择作出规定。

立法建议如下：

第 167 条 ［国家出资企业管理者选择］

履行出资人职责的机构任命或者建议任命的国家出资企业董事、监事、高级管理人员，应当具备品行、专业知识、工作能力、身体条件等资质。

按照规定的条件和程序，对国家出资企业管理者进行考察、任命。

完善国家出资企业管理者的年度考核、任期考核、任期经济责任审计制度，健全相应的薪酬制度、奖惩制度。

五、发挥国有企业的影响力

明确国企重大事项，妥善解决国企发展中的重大问题，规定国企重大事项制度。

立法建议如下：

第 168 条 ［国企重大事项］

企业合并、分立、改制、上市，增加或者减少注册资本，国有产（股）权变动，发行债券，进行重大投资，提供大额担保，转让重大财产，进行大额捐赠，分配利润，解散、申请破产等，属于国有企业重大事项，应当依法报告并接受评估、监管。

规范国有独资企业、国有独资公司的合并、分立，重视听取意见和建议，对国企合并分立专作规定。

立法建议如下：

第 169 条 ［国企合并分立］

国有独资企业、国有独资公司合并、分立，由履行出资人职责的机构决定。重要的国有独资企业、国有独资公司、国有资本控股公司的合并、分立，应当报请本级人民政府批准。

国家出资企业的合并、分立，应当听取企业工会以及职工的意见和建议。

规范国有企业改制决策，履行决定、报批等程序，设立国企改制制度。

立法建议如下：

第170条［国企改制］

国有企业改制由履行出资人职责的机构决定或者由公司股东会、股东大会决定，应当进行清产核资、财务审计、资产评估。

重要的国有独资企业、国有独资公司、国有资本控股公司的改制，应当报请本级人民政府批准。

国有公司上市必须稳步推进，发挥上市优势来增强市场竞争力，为此专设规定。

立法建议如下：

第171条［国有公司上市］

推进国有公司上市，提高市场化运作水平，吸引更多的投资者参与，增强市场竞争力。

第三节　集体（合作）企业发展

一、支持集体企业的发展

正确理解集体企业，促进集体所有制发展，对集体企业准确定位。

立法建议如下：

第172条［集体企业定位］

集体企业，是指财产属于举办该企业的劳动群众集体所有的集体所有制经济主体。

厂长（经理）负责制是集体企业的经营模式，设立相应的经营制度。

立法建议如下：

第173条［集体企业经营］

集体企业经营实行厂长（经理）负责制，厂长（经理）是企业的法定代表人，对企业经营全面负责。

处理好集体企业终止的债权债务问题，强化责任承担，规定集体企业终止制度。

立法建议如下：

第 174 条 ［集体企业终止］

集体企业终止时，应按有关规定处分企业财产，清理债权债务。企业破产，以本企业财产对企业债权人承担清偿责任。

二、支持合作企业的发展

促进合作企业发展，推动职工民主管理，对合作企业准确定位。

立法建议如下：

第 175 条 ［合作企业定位］

合作企业，是指由职工共同劳动、民主管理、共享利益、共担风险的法人经济组织。

股份是合作企业的特色，分为普通股和优先股，分别加以规定。

立法建议如下：

第 176 条 ［合作企业股份］

合作企业的股份可以分为普通股和优先股。在职职工所持股份为普通股，其他股东所持股份为优先股。

妥善解决合作企业解散问题，有效处理优先股、普通股分配，规定合作企业解散制度。

立法建议如下：

第 177 条 ［合作企业解散］

合作企业解散时，剩余财产（资产）按优先股、普通股顺序和出资比例进行分配。职工共有股份分得的财产用于企业职工的养老、再就业安置等事项。

第四节　民营企业发展

一、支持民营企业的发展环境

"社会主义基本制度和市场经济有机结合、公有制经济和非公有制经济共同发展，是我们党推动解放和发展社会生产力的伟大创举。"[1]《经济法典》正是以法的形式，表达这样的生产力和生产关系。中央对民营企业的一贯政策是"大力支持民营企业发展壮大"。[2]《中共中央、国务院关于促进民营经济发展壮大的意见》（2023年）提出支持民营经济、民营企业发展。为保护民营企业合法权益，激发民营企业活力，对民营企业准确定位。

立法建议如下：

第178条 [民营企业定位]

民营企业，是指除国有企业、集体（合作）企业、外商投资企业以外，由社会资本依法设立的企业。

依法设立民营企业，规范股东行为，完善内部监督和风险防控，实现权利平等、机会平等、规则平等。

进一步放开民营企业市场准入，排除各类准入障碍，提升市场准入效能，规定民营企业市场准入制度。

立法建议如下：

第179条 [民营企业市场准入]

在电力、电信、铁路、石油、天然气等重点行业和基础设施、社会事业、

---

〔1〕习近平：《深刻认识做好新形势下统战工作的重大意义》，载《习近平著作选读》（第1卷），人民出版社2023年版，第354页。

〔2〕习近平：《大力支持民营企业发展壮大》，载《习近平著作选读》（第2卷），人民出版社2023年版，第205页。

金融服务等领域，对民营企业放宽市场准入。

各地区、各部门不得以备案、注册、年检、认定、认证、指定、要求设立分公司等形式设定或变相设定准入障碍；不得将政务服务事项转为中介服务事项；没有法律法规依据不得在政务服务前要求企业自行检测、检验、认证、鉴定、公证或提供证明等。

赋予民营企业公平的发展环境，支持民营企业参与国家重大战略，规定相应的支持条款。

立法建议如下：

第 180 条 ［支持民营企业参与国家战略建设］

保障民营企业依法平等获得资源和市场，引导民营企业参与新型城镇化、交通水利等重大工程和补短板领域建设，支持民营企业参与乡村振兴、促进区域协调发展。

民营企业健康成长，前提是以民营企业家为代表的非公有制经济人士（包括新一代民营企业家）能健康成长。

立法建议如下：

第 181 条 ［帮助民营企业家健康成长］

引导民营企业家了解和掌握相关的法律、政策和会计、税务等管理知识，珍惜自身的社会形象，守法经营，履行社会责任，走上长远发展之道。

二、帮助企业解决生产经营困难

进一步减轻民营企业税费负担，清理税费违法违规行为，规定减轻税费负担。

立法建议如下：

第 182 条 ［减轻税费负担］

禁止对民营企业违规收费、摊派，依法整治截留减税降费红利行为。

健全融资风险市场化分担，鼓励科技创新，提升增信力度，规定民营企业发展的融资支持。

立法建议如下：

第 183 条 ［融资支持］

健全银行、保险、担保、券商等多方共同参与民营企业发展的融资风险市场化分担机制。鼓励符合条件的民营企业发行科技创新企业债券，支持符合条件的民营企业上市融资和再融资。

优化民营企业的市场化重整，强化精准识别、分类施策，规定市场化重整制度。

立法建议如下：

第 184 条 ［市场化重整］

坚持精准识别、分类施策，对陷入财务困境但仍具有发展前景和挽救价值的企业，实施市场化重整。

为营造企业发展环境，净化政治生态和社会风气，就新型政商关系作出规定。

立法建议如下：

第 185 条 ［新型政商关系］

构建亲、清新型政商关系，畅通政企沟通渠道，规范政商交往行为，创新政企互动机制。

第五节　混合所有制企业发展

一、实行有别于国有独资、全资公司的治理机制

混合所有制企业是新型企业形式。中央要求，"积极发展混合所有制经济"。[1]

---

〔1〕 习近平：《关于〈中共中央关于全面深化改革若干重大问题的决定〉的说明》，载《习近平著作选读》（第 1 卷），人民出版社 2023 年版，第 166 页。

《公司法》（2023年修订）第7章关于国家出资公司组织机构的特别规定，吸纳新一轮国企改革成果，其中包括混合所有制改革。

立法建议如下：

第186条［混合所有制企业定位］

加快国有出资公司改革，发展混合所有制公司，完善现代企业制度。

区分商业类与公益类，分类推进混合所有制改革，对分类推进作出规定。立法建议如下：

第187条［分类推进］

分类推进混合所有制改革，完善商业类国有企业混合所有制的改革措施，制定公益类国有企业混合所有制改革的创新措施。

深化经营机制改革，规范职业经理人制度，设立此类公司治理的体制机制措施。

立法建议如下：

第188条［特别治理］

规范企业党组织、股东（大）会、董事会、经理层、监事会的权责关系。推行混合所有制企业的职业经理人制度，推行经理层成员任期制和契约化管理，健全退出机制。

国有企业实施混合所有制改革，根据不同情形报经批准，规定特别监管措施。

立法建议如下：

第189条［特别监管］

国有企业实施混合所有制改革前，应制定方案，报本级国有资产监管机构批准；重要国有企业改制后国有资本不再控股的，报本级人民政府批准。完善国有产权交易监管制度，依法惩治违法转让和侵吞国有资产、利益输送、逃废债务等行为。

二、国家控股及各方利益平衡

混合所有制改革要有序推进，对关系国家安全、国民经济命脉的，则要保持国家控股，为此专作规定。

立法建议如下：

第 190 条 ［国家控股］

对处于关系国家安全、国民经济命脉的重要行业和关键领域的混合所有制改革，应当保持国有资本控股地位。

为推进混合所有制改革，促进各方利益平衡，专门进行规定。

立法建议如下：

第 191 条 ［各方利益平衡］

鼓励非公有资本参与国有企业混合所有制改革，鼓励国有资本以多种方式入股非国有企业，加强经营绩效考核，完善利益分配和激励机制，促进国家控股与投资各方的利益平衡。

第六节　个体工商户发展

一、特别支持

个体工商户规模较小甚至很小，人们或许对它不太注意，但这也不能掉以轻心。全国现有工商户主体数量很大。国家要求："高度重视支持个体工商户发展。"[1]为规范个体工商户经营，引导个体经济发展，对个体工商户进行准确定位。

立法建议如下：

---

〔1〕 习近平：《在企业家座谈会上的讲话》，载《习近平著作选读》（第 2 卷），人民出版社 2023 年版，第 321 页。

第 192 条 [个体工商户定位]

个体工商户，是指从事工商业经营、依法进行登记的经营个体。

个体工商户可以个人经营，也可以家庭经营。

场地保障是发展的基础，应当纳入城乡建设规划统筹安排，规定场地支持措施。

立法建议如下：

第 193 条 [场地支持]

政府应当将个体工商户所需生产经营场地纳入城乡建设规划统筹安排。个体工商户经批准使用的经营场地，任何单位和个人不得侵占。

在变更形式等方面为个体工商户提供便利，专作规定。

立法建议如下：

第 194 条 [提供便利]

个体工商户可以自愿变更经营者或者转型为企业，完善便利化的变更手续制度。结合城乡社区服务体系建设，政府支持个体工商户在社区从事与居民日常生活密切相关的经营活动。

加强公共服务平台体系建设，及时采取纾困帮扶措施，规定公共服务制度。

立法建议如下：

第 195 条 [提供公共服务]

国家加强公共服务平台体系建设，为个体工商户提供法律政策、市场供求、招聘用工、创业培训、金融支持等信息服务。实施城乡建设规划及城市管理、市容治理、产业升级等措施时，应当考虑个体工商户经营需要和实际困难。

为落实政府在资金、财税、社保等方面的支持，规定多元支持措施。

立法建议如下：

第196条［多元支持］

政府为个体工商户在创业创新、贷款融资、职业技能培训等方面提供资金支持；严格落实财税支持措施，确保精准、及时惠及个体工商户；支持个体工商户参加社会保险，对符合条件者给予相应的支持。

二、特别保障

任何单位和个人不得增加个体工商户的负担，如违法收费、集资、摊派、要求赞助等，专作规定。

立法建议如下：

第197条［不得增加负担］

任何单位和个人不得违法向个体工商户收费或者变相收费，不得擅自扩大收费范围或者提高收费标准，不得向个体工商户集资、摊派，不得进行不合理限制、附加不合理条件或者收取不合理费用，不得强行要求提供赞助或者接受有偿服务。

第七章

消费者权益保护法律制度

经营者与消费者属于市场活动中的一对基本主体关系。故此，将消费者权益保护安排在“市场机制调节”这一编之内。

消费者权益保护制度，基本素材可见之于《宪法》相关内容，《消费者权益保护法》及其《实施条例》。

与《经济法典》“总则”消费者权益保护法律制度总体条文相呼应，现探讨本章的具体制度设计。

第一节　消费者权益

一、消费者权益界定

消费者为中国的每一个家庭、个人，世界上每一个家庭、个人。现在，每年的 3 月 15 日为国际消费者权益日。由于消费既有生产方面的，又有生活方面的，本法为界定消费者权益的概念，设置消费者权益的一般条款。

立法建议如下：

第 198 条 ［消费者权益］

消费者为生活消费需要购买、使用商品或者接受服务，其权益依法受到保护。

国家采取措施，保障消费者依法行使权利，维护消费者的合法权益。

本法的原则亦可适用于一般生产消费。

二、消费者权益范围

人身财产安全权是消费者权益的基础，为保障消费者的人身、财产安全依法不受损害，规定消费者的人身财产安全权。

立法建议如下：

第 199 条 ［人身、财产安全权］

消费者在购买、使用商品和接受服务时享有人身、财产安全不受损害的权利。消费者有权要求经营者提供的商品和服务，符合安全要求。

保障消费者知悉其购买、使用的商品或者接受的服务的真实情况，规定消费者的知情权。

立法建议如下：

第 200 条 ［知情权］

消费者享有知悉其购买、使用的商品或者接受的服务的真实情况的权利。消费者有权根据商品或者服务的不同情况，要求经营者提供商品或者服务的有关信息。

获得知识权的"知识"指向有关消费及权益保护，从而促进消费者的自我保护，规定消费者的获得知识权。

立法建议如下：

第 201 条 ［获得知识权］

消费者享有获得有关知识的权利。消费者应当努力掌握所需商品或者服务的知识和使用技能，提高自我保护意识。

保护人格尊严、民族风俗习惯得到尊重，保护个人信息安全，规定消费者的受尊重权。

立法建议如下：

第 202 条 [受尊重权]

消费者在购买、使用商品和接受服务时，享有人格尊严、民族风俗习惯得到尊重的权利，享有个人信息保护的权利。

从消费者自愿出发，为自主选择经营者、商品品种或者服务方式、是否购买商品/接受服务，规定消费者的自主选择权。

立法建议如下：

第 203 条 [自主选择权]

消费者享有自主选择商品或者服务的权利。消费者有权自主选择经营者、商品品种或者服务方式，自主决定是否购买商品、接受服务，有权进行比较、鉴别和挑选。

满足质量、价格、计量等交易要求，规定消费者的公平交易权。

立法建议如下：

第 204 条 [公平交易权]

消费者享有公平交易的权利。消费者有权获得公平交易条件，拒绝强制交易行为。

保护消费者在购买、使用商品或者接受服务时获得赔偿，规定消费者的损害赔偿权。

立法建议如下：

第 205 条 [损害赔偿权]

消费者因购买、使用商品或者接受服务受到人身、财产损害的，依法享有获得赔偿的权利。

维护消费者合法权益，成立相关社会组织，规定消费者的组织社团权。

立法建议如下：

第 206 条 ［组织社团权］

消费者享有依法成立维护自身合法权益的社会组织的权利。

保障消费者的检举、控告、批评、建议等权益，规定消费者的监督权。
立法建议如下：

第 207 条 ［监督权］

消费者享有对商品和服务以及保护消费者权益工作进行监督的权利。消费者有权检举、控告侵害消费者权益的行为和国家机关及其工作人员的违法失职行为，有权对保护消费者权益工作提出批评、建议。

第二节　经营者对消费者的义务

一、对消费者财产性义务

财产性义务的基础是产品质量保证，包括瑕疵处理、缺陷召回、退换货服务等，规定经营者对产品质量保证的义务条款。

立法建议如下：

第 208 条 ［保证产品质量］

经营者应当保证商品或者服务具有的质量、性能、用途和有效期限，但消费者在购买该商品或者接受该服务前已经知道其存在瑕疵，且存在该瑕疵不违反法律强制性规定的除外。

经营者发现其提供的商品或者服务存在缺陷，有危及人身、财产安全危险的，应当立即向有关行政部门报告和告知消费者，并采取停止销售、警示、召回、退货、无害化处理、销毁、停止生产或者服务等措施。

规范购货凭证、服务单据，遵守提示义务、公平交易义务，对经营者按照约定交货作出规定。

立法建议如下：

第 209 条 [按照约定交货]

经营者提供商品或者服务，应当按照国家有关规定或者商业惯例向消费者出具发票等购货凭证或者服务单据；消费者索要发票等购货凭证或者服务单据的，经营者必须出具。

经营者应当以显著方式提示注意事项、风险警示、售后服务、责任承担等内容。不得以格式条款、通知、声明、店堂告示等方式作出对消费者不公平、不合理的规定，不得利用格式条款并借助技术手段强制交易，否则相关内容无效。

在预付款消费中，经营者未按照约定提供商品或者服务的，应当按照消费者的要求履行约定或者退还预付款。

就销售物品或服务事项进行宣传解释，保证真实宣传、信息标记、信息告知，规定经营者的宣传解释义务条款。

立法建议如下：

第 210 条 [宣传解释]

经营者提供有关商品或者服务的信息应当真实、全面，不得作虚假或者引人误解的宣传，并应消费者要求作出真实、明确的答复。

采用网络、电视、电话、邮购等方式提供商品或者服务的经营者，应当承担相应的宣传解释义务。发生消费争议的，直播营销平台经营者应当根据消费者的要求提供直播相关人员信息、经营活动记录等。

经营者决定停业或者迁移服务场所的，应当提前进行公告。

二、对消费者人身性义务

保障消费者人身自由、安全的义务，既包括人格尊严、人身自由，也包括人身安全保障，规定经营者义务条款。

立法建议如下：

第 211 条 [消费者人身自由、安全保障]

经营者不得对消费者进行侮辱、诽谤，不得搜查消费者的身体及其携带的物品，不得侵犯消费者的人身自由。

宾馆、商场、餐馆、银行、机场、车站、港口、影剧院及网络平台等经营场所的经营者，应当对消费者尽到安全保障义务。

对消费者"个人"而言，个人信息保护至关重要，经营者不得泄露、出售或者非法向他人提供，规定经营者的个人信息保护义务条款。

立法建议如下：

第 212 条 [消费者个人信息保护]

经营者收集、使用消费者个人信息，应当明示收集、使用信息的目的、方式和范围，并经消费者同意。不得泄露、出售或者非法向他人提供消费者个人信息。

第三节　消费者权益保护途径

一、消费者自身的保护

必须了解，在消费者权益保护领域，经营者的作为应当是主动的，而消费者的作为也应当是主动的，而不是被动的。

尊重消费自主权，设立自主消费条款。

立法建议如下：

第 213 条 [自主消费]

消费者自主消费，自主决定消费内容、消费方式。

消费者对商品、服务的使用，以通常方式为准，规定合理使用制度。

立法建议如下：

第 214 条 [合理使用]

如无特别要求，消费者应当按照通常方式，合理使用所购买的商品或接受相应的服务。

为拓展消费者权益争议的多元解决方式，保障消费者有效维权，规定消费者理性维权条款。

立法建议如下：

第 215 条 ［理性维权］

消费者和经营者发生消费权益争议的，可以通过协商、调解、投诉、仲裁、诉讼等途径解决。

二、国家保护

为规范抽查检验，加强安全应对，规定行政监管措施。

立法建议如下：

第 216 条 ［行政监管］

各级人民政府应当组织、协调、督促有关行政部门做好保护消费者权益的工作，及时制止危害消费者人身、财产安全的行为。

有关行政部门在各自的职责范围内，应当定期或者不定期进行抽查检验，并及时向社会公布抽查检验结果。

有关行政部门发现并认定经营者提供的商品或者服务存在缺陷，有危及人身、财产安全危险的，应当立即责令经营者采取停止销售、警示、召回、无害化处理、销毁、停止生产或者服务等措施。

发挥人民法院的功能，支持消费者诉讼维权，设立消费诉讼便利机制。

立法建议如下：

第 217 条 ［为消费诉讼提供便利］

人民法院应当采取措施，方便消费者提起诉讼，并及时审理。

三、社会保护

基于社会各界的监督，赋予公众对保护消费者权益工作的批评、建议权。

立法建议如下：

第 218 条 ［社会监督］

鼓励和支持社会各界对消费者权益保护活动进行社会监督。公众有权对保护消费者权益工作提出批评、建议。

消费者组织在消费者维权中发挥重要作用，规定消费者组织的义务。
立法建议如下：

第 219 条 ［消费者组织专门义务］

消费者协会应当认真履行保护消费者合法权益的公益性职能，听取消费者的意见和建议，接受社会监督。

消费者组织不得从事商品经营和营利性服务，不得以牟利方式向消费者推荐商品和服务。

四、消费者权益救济

对一般情形下的损害赔偿，设置生产者、销售者赔偿的一般规则。
立法建议如下：

第 220 条 ［一般损害赔偿］

消费者在购买、使用商品时，其合法权益受到损害的，可以向销售者要求赔偿，也可以向生产者要求赔偿。消费者在接受服务时，其合法权益受到损害的，可以向服务者要求赔偿。

考虑网购、展会或租赁柜台等不同情况，规定特定场所损害赔偿制度。
立法建议如下：

第 221 条 ［特定场所损害赔偿］

消费者通过网络交易平台购买商品或者接受服务，其合法权益受到损害的，可以向销售者或者服务者要求赔偿，网络交易平台依法承担连带责任。

消费者在展销会、租赁柜台购买商品或者接受服务，其合法权益受到损害的，可以向销售者或者服务者要求赔偿。展销会结束或者柜台租赁期满后，也可以向展销会的举办者、柜台的出租者要求赔偿。

针对主体变更，企业合并、分立之后的损害赔偿责任作出规定。
立法建议如下：

第 222 条 ［合并、分立之后的损害赔偿］

消费者在购买、使用商品或者接受服务时，其合法权益受到损害，因原企业分立、合并的，可以向变更后承受其权利义务的企业要求赔偿。

因虚假广告及其他虚假宣传引起的损害赔偿，引入连带责任条款。
立法建议如下：

第 223 条 ［虚假广告（宣传）损害赔偿］

广告经营者、发布者设计、制作、发布关系消费者生命健康商品或者服务的虚假广告，造成消费者损害的，应当与提供该商品或者服务的经营者承担连带责任。

社会团体或者其他组织、个人在虚假广告或者其他虚假宣传中向消费者推荐商品或者服务，造成消费者损害的，应当与提供该商品或者服务的经营者承担连带责任。

从社会意义出发，消费者集体诉讼成为基于消费者人数众多的诉讼方式。
立法建议如下：

第 224 条 ［消费者集体诉讼］

消费者人数众多，其诉讼标的是同一种类，可以由其中一人或数人代表全体消费权益人进行诉讼。

消费公益诉讼是典型的经济公益诉讼类型之一。为促进检察机关、消费者组织等提起消费公益诉讼，专设规定。
立法建议如下：

第 225 条 [消费公益诉讼]

对侵害众多消费者合法权益的行为，检察机关、消费者组织等可以依法向人民法院提起诉讼。

第二编　宏观经济治理

第八章 ────────

本编一览：完善宏观经济治理体系

国民经济可从宏观、微观角度考量，宏观指总体，微观指具体。

《宪法》第 15 条第 2 款规定："国家加强经济立法，完善宏观调控。"《中共中央关于制定国民经济和社会发展第十四个五年规划和二〇三五年远景目标的建议》中，使用了新的提法："完善宏观经济治理。"党的二十大强调，"健全宏观经济治理体系"。"宏观经济治理"与"宏观调控"的主旨是一致的，但"治理"比"调控"含义更广，着力更实。故此，《经济法典》"分则"，在"市场机制调节"之后，紧接着安排第二编，定为"宏观经济治理"。

宏观经济治理针对国民经济总体运行状态，着眼于大局、全局。"宏观经济治理法律制度板块"调整因制定、执行国民经济和社会发展规划（计划）而产生的、发挥战略决策作用层面的经济关系。"宏观经济治理法律制度"对应和对接"总则"的经济发展权，构成国民经济在法治轨道上运行的制度系统中的第二板块，即《经济法典》"分则"第二编（参见表 8-1）。

表 8-1　"分则"与"总则"在宏观经济治理板块的逻辑衔接梳理

总则条目	分则编名	分则章名
第二板块：宏观经济治理制度的调整范围	宏观经济治理	
国民经济和社会发展规划（计划）法律制度（1 条）		国民经济和社会发展规划（计划）法律制度
产业发展法律制度（1 条）		产业发展法律制度
科技创新法律制度（1 条）		科技创新法律制度
数字经济发展法律制度（1 条）		数字经济发展法律制度

续表

总则条目	分则编名	分则章名
财政法律制度（1条）		财政法律制度
税收法律制度（1条）		税收法律制度
货币金融法律制度（1条）		货币金融法律制度
国有资产资源管理利用法律制度（1条）		国有资产资源管理利用法律制度
区域协调发展法律制度（1条）		区域协调发展法律制度
新型城镇化法律制度（1条）		新型城镇化法律制度
乡村振兴法律制度（1条）		乡村振兴法律制度

现行设计，宏观经济治理法律制度板块列为两个分编。第一分编为国家治理体系，着眼全国一盘棋；第二分编为区域治理体系，强调因地制宜。（参见表8-2）

表8-2　宏观经济治理法律制度板块之现行经济法律列举

板块内容	法律列举
（一）国民经济和社会发展规划（计划）法律制度	1. 《统计法》（2009年修订） 2. 《人口与计划生育法》（2021年修正） 3. 《城乡规划法》（2019年修正）
（二）产业发展法律制度	4. 《建筑法》（2019年修正） 5. 《铁路法》（2015年修正） 6. 《公路法》（2017年修正） 7. 《航道法》（2016年修正） 8. 《港口法》（2018年修正） 9. 《民用航空法》（2021年修正） 10. 《邮政法》（2015年修正） 11. 《旅游法》（2018年修正） 12. 《电影产业促进法》（2016年） 13. 《循环经济促进法》（2018年修正） 14. 《清洁生产促进法》（2012年修正）
（三）科技创新法律制度	15. 《科学技术普及法》（2002年） 16. 《科学技术进步法》（2021年修正） 17. 《促进科技成果转化法》（2015年修正）

续表

板块内容	法律列举
（四）数字经济法律制度	18.《数据安全法》（2021 年）
（五）财政法律制度	19.《预算法》（2018 年修正） 20.《政府采购法》（2014 年修正） 21.《会计法》（2024 年修正） 22.《注册会计师法》（2014 年修正）
（六）税收法律制度	23.《企业所得税法》（2018 年修正） 24.《个人所得税法》（2018 年修正） 25.《契税法》（2020 年） 26.《印花税法》（2021 年） 27.《车船税法》（2019 年修正） 28.《车辆购置税法》（2018 年） 29.《船舶吨税法》（2018 年修正） 30.《烟叶税法》（2017 年） 31.《资源税法》（2019 年） 32.《环境保护税法》（2018 年修正） 33.《耕地占用税法》（2018 年） 34.《城市维护建设税法》（2020 年） 35.《税收征收管理法》（2015 年修正）
（七）货币金融法律制度	36.《中国人民银行法》（2003 年修正） 37.《银行业监督管理法》（2006 年修正） 38.《商业银行法》（2015 年修正） 39.《证券法》（2019 年修订） 40.《证券投资基金法》（2015 年修正） 41.《期货和衍生品法》（2022 年） 42.《保险法》（2015 年修正） 43.《信托法》（2001 年） 44.《票据法》（2004 年修正） 45.《反洗钱法》（2006 年）
（八）国有资产资源管理利用法律制度	46.《土地管理法》（2019 年修正） 47.《防沙治沙法》（2018 年修正） 48.《矿产资源法》（2009 年修正） 49.《水法》（2016 年修正） 50.《水土保持法》（2010 年修订） 51.《防洪法》（2016 年修正） 52.《森林法》（2019 年修订）

板块内容	法律列举
	53.《草原法》（2021 年修正） 54.《野生动物保护法》（2022 年修订） 55.《动物防疫法》（2021 年修订） 56.《湿地保护法》（2021 年） 57.《海域使用管理法》（2001 年） 58.《深海海底区域资源勘探开发法》（2016 年） 59.《节约能源法》（2018 年修正） 60.《煤炭法》（2016 年修正） 61.《石油天然气管道保护法》（2010 年） 62.《电力法》（2018 年修正） 63.《可再生能源法》（2009 年修正）
（九）区域协调发展法律制度	64.《长江保护法》（2020 年） 65.《黄河保护法》（2022 年） 66.《青藏高原生态保护法》（2023 年）
（十）新型城镇化法律制度	67.《城市房地产管理法》（2019 年修正）
（十一）乡村振兴法律制度	68.《乡村振兴促进法》（2021 年） 69.《农业法》（2012 年修正） 70.《种子法》（2021 年修正） 71.《农业机械化促进法》（2018 年修正） 72.《农业技术推广法》（2024 年修正） 73.《农村土地承包法》（2018 年修正） 74.《农村土地承包经营纠纷调解仲裁法》（2009 年） 75.《农民专业合作社法》（2017 年修订） 76.《畜牧法》（2022 年修订） 77.《渔业法》（2013 年修正）

本编由以下两个方面的内容组成。

第一节　宏观政策层面

一、国民经济和社会发展规划（计划）

全国一盘棋、集中力量办大事要有战略决策。规划（计划）把握国民经济发展的总体脉络。提升国家规划（计划）的地位，强化国家规划（计划）

的功能，促进国民经济和社会发展规划（计划）的制定和执行。以规划优化国土空间布局，巩固国土利用保护控制线制度。以统计服务规划，健全国家统一的统计标准和口径。

请特别注意"调控目标"的表述，国家在设计"完善宏观经济治理"时提出，要"合理把握经济增长、就业、价格、国际收支等调控目标"。（见《中华人民共和国国民经济和社会发展第十四个五年规划和2035年远景目标纲要》第二十二章第一节）我们认为，还应加上一个调控目标，那就是"保持生态环境良好"。在国民经济运行中，"我们要坚持稳中求进、以进促稳、先立后破。"（见2024年3月第十四届全国人民代表大会第二次会议通过的《政府工作报告》）

二、产业发展

中国现在的产业分为：农业，工业和建筑业，服务业，国内贸易，对外经济，金融，旅游，等等。各行各业均有相应的法律要求，《经济法典》均应给予回应。经济发展的关键在于产业促进，宏观经济治理的着力点也在于产业，特别是实体经济、战略性新兴产业。加强三大产业之间的协同发展，健全现代产业体系。巩固第一产业（农业），发展第二产业，拓新第三产业，推进军民企业融合发展。在产业政策指引下和竞争政策基础上推动经济体系优化升级。以竞争为基础、产业为主导，实现产业政策与竞争政策的协同，显示出经济法的新高度。特别注意，2024年3月第十四届全国人民代表大会第二次会议十分重视发展新质生产力的问题。

三、科技创新

我们既要看到本国科技的飞速发展，也要承认从目前仍然存在的差距。科技力作为国家发展的战略支撑，发挥"第一生产力"的驱动作用，建设创新型国家。实行科技攻关举国体制，把实现高水平科技自立自强作为国家发展的战略支撑，完善组织、人力、物质保障。健全科技创新制度，在科技创造、科技转化、科技推广等方面发力。

四、数字经济

数字经济也属产业经济，鉴于其特别的技术含量及对经济的特殊重要性，故单列出来。2020 年，中国提出《全球数据安全倡议》，表示愿以此为基础，同各国探讨并制定全球数字治理规则。数字经济法律制度体现经济法对"未来"发展的前瞻期待，鼓励数字经济发展，推进数字产业化和产业数字化，与实体经济深度融合。通过数字经济业态，将中国经济与世界经济联结起来，更好利用两个市场、两种资源。

五、财政

财力保障乃国民经济发展的支撑，在国民经济运行中至关重要，要建立、健全符合我国国情的财政法治。财政制度方面，着重于财政资源统筹、国家重大战略任务财力保障、预算绩效管理等。既要广开财源，不断提高国家财政收入，又要合理支出，把财政资源真正使用好。以财政制度作为宏观经济治理主要手段之一，在预算、财政转移支付、政府举债、政府采购等方面加强制度设计，为国家建设提供财力保障，对应到《经济法典》"分则"中的比重很大。2024 年 3 月第十四届全国人民代表大会第二次会议强调积极的财政政策要适度加力、保质增效。

六、税收

税收属于广义的财政范围，是国家经济三大调节手段之一（物价、税收、信贷）。坚持税收法定，现行有 18 个税种，分属商品税、所得税、财产税，要合理安排直接税和间接税关系，完善中央和地方分税制。加强税收统一征管，增强对国家建设的财力保障。

七、货币金融

金融是现代经济的重要支柱，要建立、健全符合我国国情的金融法治。统筹发展政策性金融、商业性金融、合作性金融，完善金融监管框架，健全货币政策和宏观审慎政策双支柱调控框架。以货币政策作为宏观经济治理主要手段之一，发展金融业，促进商业银行等金融有效支持实体经济，增强对国家建设的财力保障，建设金融强国。货币金融法律制度涵盖货币、银行、信托、证券、保险等各个行业、领域，对应到《经济法典》"分则"中的比重很大。还须注意一点："金融稳定法"，应升华为"金融稳定发展法"。要坚持中国特色金融发展之路。2024 年 3 月第十四届全国人民代表大会第二次会议强调：稳健的货币政策要灵活适度、精准有效。

八、国有资产资源管理利用

国有资产资源管理利用分为经营性与非经营性、资产类与资源类，是国民经济发展的物质基础。保障经营性国有资产有效管理利用，完善国有资产评估、转让、监管。在行政性国有资产、事业性国有资产、社会性国有资产等方面，保障非经营性国有资产有效管理利用。保障对土地资源、矿产资源、水资源、森林资源、草原资源、野生动植物资源、国家公园、湿地资源、海域资源等国有自然资源的有效管理利用。促进节约能源，发展可再生能源，保障国有能源有效管理利用。能源不仅是资源，也是产业。资产资源管理利用好了，建设、发展就更有底气。

第二节　区域政策层面

一、区域协调发展

东部地区是指北京、天津、河北、山东、上海、江苏、浙江、福建、广东、海南10省（市）；中部地区是指山西、安徽、江西、河南、湖北、湖南6省；西部地区是指内蒙古、广西、重庆、四川、贵州、云南、西藏、陕西、甘肃、青海、宁夏、新疆12省（区、市）；东北地区是指辽宁、吉林、黑龙江3省。把中国大陆按自然布局划分为4大块，正是为着因地制宜——推动西部大开发、东北全面振兴、中部地区崛起、东部率先发展，为着区域协调发展。各地发展、各个地区协调发展均有相应的法律要求，《经济法典》均应给予回应。

实施区域发展重大战略，促进京津冀协同发展，加快长江经济带、长三角一体化发展，促进黄河流域高质量发展，加快粤港澳大湾区建设。设施区域协调发展战略，加快我国海峡两岸融合发展，促进东北振兴、西部大开发、中部地区崛起、东部地区加快推进现代化。支持特殊类型地区发展，深入实施东西部协作。建设海洋强国，发展海洋经济，健全海洋产业体系。

二、新型城镇化

实行新型城镇化战略，推进以县城为重要载体的新型城镇化发展。正确定位新型城镇化，优化城镇化空间格局，保障城镇人口安居乐业。实施城市更新行动，解决城市发展难题，提升城市品质。稳步发展城镇房地产市场，控制不合理的高价售房，强化城市政府对城市居民住房的主体责任，稳定地价、房价和住房需求者预期。

鉴于房地产业对国计民生的特殊重要性，需要突出规定。这里必须说明，房地产法律制度也可单设一章，但鉴于"房子是用来住的，不是用来炒的"定位，城镇建设要着力解决城市居民住房问题，而不是依赖房地产业来解决政府财政收入，因而把城市房地产业和居民住房保障安排在新型城镇化一章之内。

三、乡村振兴

在一个传统的农业大国，虽然进入了现代社会，但农业始终是国民经济的基础。全面理解、把握《乡村振兴促进法》的制度精神，将其引入《经济法典》"分则"的相关条款中。优先发展农业农村，全面促进乡村振兴。坚持把解决好"三农"问题作为全党全国工作重中之重，把全面推进乡村振兴作为实现中华民族伟大复兴的一项重大任务，加快农业农村现代化，依法全面建设农业强国。

最后，将宏观治理各项对策归结起来，就是为了形成社会主义现代化建设的集合力量。正如2024年3月第十四届全国人民代表大会第二次会议批准的《政府工作报告》所指出的："增强宏观政策取向一致性。围绕发展大局，加强财政、货币、就业、产业、区域、科技、环保等政策协调配合，把非经济性政策纳入宏观政策取向一致性评估，强化政策统筹，确保同向发力、形成合力。"

第一分编　国家治理体系

第九章

国民经济和社会发展规划（计划）法律制度

　　规划（计划）是国民经济和社会发展的指南，故将规划（计划）制度设于本编之首。

　　中国的计划原称"国民经济计划"，但其内容也包括社会事业在内；改革开放之后改称为"国民经济和社会发展计划"，把"社会发展"突出起来了。我们坚持经济建设与社会建设协调发展，因而做计划时要统筹兼顾。

　　党的二十大强调，发挥国家发展规划的战略导向作用。

　　规划（计划）制度，基本素材可见之于《宪法》相关内容，《国务院组织法》和《统计法》《人口与计划生育法》《城乡规划法》等经济法律。

　　与《经济法典》"总则"国民经济和社会发展规划（计划）法律制度总体条文相呼应，现探讨本章的具体制度设计。

第一节　发展规划（计划）的战略导向

一、规划导向

　　党的二十大提出，高质量发展是全面建设社会主义现代化国家的首要任务。2023年高质量发展扎实推进，经济总体回升向好，国内生产总值超过126万亿元，增长5.2%；2024年预期增长5%左右。但仍应认识到，我国还是属于发展中国家。高质量发展是各种因素综合发挥作用的结果，包括现代理念领头、规划导向、产业指南、科技支撑、先进生产力、先进生产关系、市场力量等。与《经济法典》"总则"第 1 条"推动高质量发展"目标相呼应，必须强调现代化经济政策体系的地位和作用。

立法建议如下：

第 226 条 〔推动高质量发展〕

国家贯彻新发展理念，制定和执行发展规划，实施现代化各项经济政策，把扩大内需战略同深化供给侧结构性改革有机结合起来，增强宏观政策取向一致性，加快构造以国内大循环为主体、国内国际双循环相互促进的新发展格局，推动高质量发展，保障实现国民经济质的有效提升和量的合理增长调控目标。

"用中长期规划指导经济社会发展，是我们党治国理政的一种重要方式。"[1] 国民经济和社会发展规划，主要阐明国家战略意图，明确政府工作方向，引导市场主体行为，成为全国人民共同的行动纲领。为把握规划导向，完善宏观经济治理体系，规定规划为导向的发展制度。

立法建议如下：

第 227 条 〔规划导向〕

以国民经济和社会发展规划（计划）为战略导向，以财政政策和货币政策为主要手段，完善就业、产业、科技、投资、消费、环保、区域等政策紧密配合的宏观经济治理体系。

把国家发展规划与市场调节有机结合，夯实发展基础，优化发展条件，营造良好的经济发展环境。

二、国家规划体系

《中共中央、国务院关于统一规划体系更好发挥国家发展规划战略导向作用的意见》（2018 年）提出统一规划体系。除发展规划（计划）以外，国家规划（计划）还包括几种类型，专设规定。

---

〔1〕 习近平：《深化对中长期经济社会发展重大问题的认识》，载《习近平著作选读》（第 2 卷），人民出版社 2023 年版，第 327 页。

立法建议如下：

第 228 条［国家规划体系］

健全国家规划体系，以国民经济和社会发展规划（计划）为主体，兼顾各类空间规划（计划）、专项规划（计划）、区域规划（计划）。

第二节　发展规划（计划）的制定

一、制定主体

保障国务院按照《宪法》和《国务院组织法》的规定，更好地履行规划（计划）工作职权。

立法建议如下：

第 229 条［国务院计划工作职权］

国务院编制全国国民经济和社会发展规划（计划）；向全国人民代表大会作关于国民经济和社会发展规划（计划）的报告；组织国民经济和社会发展规划（计划）的执行；编制国民经济和社会发展规划（计划）调整方案；向全国人民代表大会报告国民经济和社会发展规划（计划）的执行情况。

国务院全体会议讨论决定国民经济和社会发展规划。

保障国家发改委履行在规划（计划）方面的职能，专作规定。

立法建议如下：

第 230 条［发展和改革委员会职能］

国家发展和改革委员会在国务院领导下，统筹提出国民经济和社会发展主要目标，拟订并具体执行国民经济和社会发展战略、中长期规划和年度计划。

二、制定要求

从时间期限出发，对国民经济和社会发展规划（计划）进行划分，规定规划（计划）时限制度。

立法建议如下：

第 231 条 ［规划（计划）年限］

国民经济和社会发展规划（计划）分为年度计划、五年规划、远景目标规划。

贯彻规划（计划）提出的发展目标和重点任务，做好年度综合平衡。

规范重大专项规划（计划）的制定，专设规定。

立法建议如下：

第 232 条 ［重大专项规划（计划）］

以国民经济和社会发展的特定领域为对象制定重大专项规划（计划）。

我国是人口大国，需要加强人口发展规划，实施人口发展战略，促进人口与经济社会协调发展，推动中华民族繁荣昌盛。

立法建议如下：

第 233 条 ［人口发展规划］

编制人口发展规划，实施人口发展战略，并将其纳入国民经济和社会发展计划。

加强城乡规划管理，促进城乡经济社会全面发展，规定城乡一体化发展规划制度。

立法建议如下：

第 234 条 ［城乡一体化发展规划］

编制城乡一体化发展规划，城乡建设活动应当符合规划要求，因地制宜推动城乡融合和区域协调发展，优化国民经济布局。

综合平衡是从全局出发，安排和协调国民经济和社会发展各方面的比例关系。它既是计划管理的基本任务，又是计划工作的基本方法。毛泽东同志

1956 年所作的《论十大关系》报告，正是构思国民经济和社会发展综合平衡的典范。后来，毛泽东又指出："搞社会主义建设，很重要的一个问题是综合平衡。"[1]"社会主义经济发展过程中，经常出现不按比例、不平衡的情况，要求我们按比例和综合平衡。"[2]为坚持综合平衡，确保各级各类规划与国民经济和社会发展规划（计划）协调一致，设立综合平衡制度。

立法建议如下：

第 235 条［综合平衡］

健全规划综合平衡、衔接协调机制，确保空间规划、专项规划、区域规划等各级各类规划与国民经济和社会发展规划（计划）在主要目标、发展方向、风险防控等方面协调一致。

三、制定程序

组织编制本行政区域内国民经济和社会发展规划（计划），设置规划（计划）编制制度。

立法建议如下：

第 236 条［规划（计划）编制］

各级国民经济和社会发展规划（计划）由本级政府组织编制，具体工作由本级政府发展和改革部门负责。

各级国民经济和社会发展规划（计划）草案的编制，应当与经济社会发展水平相适应，进行基础调查、信息搜集、分析研究、征求意见、衔接协调、专家论证等工作。

各级国民经济和社会发展规划（计划）分别报经审查和批准，设置规划（计划）审批制度。

---

〔1〕毛泽东：《经济建设是科学，要老老实实学习》，载《毛泽东文集》（第 8 卷），人民出版社 1999 年版，第 73 页。

〔2〕毛泽东：《读苏联〈政治经济学教科书〉的谈话（节选）》，载《毛泽东文集》（第 8 卷），人民出版社 1999 年版，第 119~120 页。

立法建议如下：

第237条 [规划（计划）审批]

全国国民经济和社会发展规划（计划）由全国人民代表大会审查和批准；地方各级国民经济和社会发展规划（计划）由本级人民代表大会审查和批准。

第三节　发展规划（计划）的执行

一、规划（计划）的执行及其调整

落实发展规划（计划），规定规划（计划）执行制度。

立法建议如下：

第238条 [规划（计划）执行]

各级国民经济和社会发展规划（计划）由本级政府组织执行，具体工作由本级政府发展和改革部门负责。

各级国民经济和社会发展规划（计划）的执行，应当落实相应责任，主要依靠发挥市场主体作用来实现。

规划（计划）并非固守不变，从实际出发，而可根据新的重大情况进行调整，规定规划（计划）的部分调整制度。

立法建议如下：

第239条 [规划（计划）的部分调整]

遇到新的重大情况时，可以依照法定程序对国民经济和社会发展规划（计划）进行部分调整。

二、发展规划（计划）执行情况审查

督促执行国民经济和社会发展规划（计划），规定规划（计划）执行情况审批制度。

立法建议如下：

第 240 条［规划（计划）执行情况审批］

全国国民经济和社会发展规划（计划）的执行情况由全国人民代表大会审查和批准；地方各级国民经济和社会发展规划（计划）的执行情况由本级人民代表大会审查和批准。

发展规划（计划）发生重大失误时，应当及时进行补救。对发展规划（计划）如期按质按量完成，完善相应的激励机制。对非客观原因造成发展规划（计划）未能完成，应当追究相关部门及其负责人员责任。

第四节　国土空间布局

一、全国一盘棋国土规划

推动区域规划协调发展，促进多规合一、多规协调，对多规合一作出规定。

立法建议如下：

第 241 条［多规合一］

实施区域发展重大战略、区域协调发展战略，健全区域规划协调发展机制，构建多规合一、多规协调的规划支撑体系。

立足全国统一规划，发挥各地区比较优势，构筑国土空间开发保护新格局，规定国土空间规划制度。

立法建议如下：

第 242 条［国土空间规划］

优化全国统一的国土空间规划，健全陆地主体功能区规划。立足资源环境承载能力，发挥各地区比较优势，形成主体功能明显、优势互补、高质量发展的国土空间规划格局。

从区域经济发展出发，促进城乡区域良性互动，规定城乡融合和区域协调发展制度。

立法建议如下：

第243条［城乡融合和区域协调发展］

国家推动城乡融合和区域协调发展，优化经济布局，健全城乡要素自由流动机制。

二、分类布局

发挥优先开发区域的布局优势，设计全方位的经济发展机制。

立法建议如下：

第244条［优先开发区域］

对优先开发区域，统筹地上地下空间，提升城镇化质量，建设一体化发展的城市群。

结合重点开发区域的布局特色，提升集聚发展水平和辐射带动能力，设计重点开发区域的规定。

立法建议如下：

第245条［重点开发区域］

对重点开发区域有序开发，适度扩大城市容量，有效承接产业转移。

立足限制开发区域的实际情况，提升资源环境承载能力，设计限制开发区域的规定。

立法建议如下：

第246条［限制开发区域］

对限制开发区域提高生态服务功能和农产品供给能力，提升资源环境承载能力。

从禁止开发区域的保护要求出发，加大政府投入力度，规定多元化保护措施。

立法建议如下：

第 247 条［禁止开发区域］

对禁止开发区域建立多元化生态保护补偿机制，促进生态环境修复。

三、国土利用保护控制线

生态保护红线包括生态功能重要区域、生态环境敏感脆弱区域，严禁不符合主体功能定位的各类开发活动。

立法建议如下：

第 248 条［生态保护红线］

将生态功能重要区域、生态环境敏感脆弱区域进行空间叠加，划入生态保护红线，原则上按禁止开发区域的要求进行管理，严禁任意改变用途。

关于永久基本农田红线，要统筹考虑粮食生产问题，规范耕地占补平衡，加强立法保护。

立法建议如下：

第 249 条［永久基本农田红线］

坚持最严格的耕地保护制度，严守永久基本农田红线，遏制耕地"非农化""非粮化"。

在城乡协调发展背景下，城镇开发边界红线体现国土空间规划和用途管控功能。

立法建议如下：

第 250 条［城镇开发边界红线］

严格执行城镇开发边界红线，完善国土空间管控机制，划定落实城镇开发边界。

第五节 统 计

一、统计制度

规范国家统计系统运行，健全统计管理体制，对统计体系作出规定。
立法建议如下：

第251条［统计体系］

国家建立统一的统计系统，实行统一领导、分级负责的统计管理体制。

规范统计机构及其统计人员，提高统计效能，专作规定。
立法建议如下：

第252条［统计机构］

县级以上地方人民政府设立独立的统计机构，乡、镇人民政府设置统计工作岗位。县级以上人民政府有关部门根据需要设立统计机构，或者在有关机构中设置统计人员。

提升统计人员的职业道德、专业知识、业务能力，对统计人员专作规定。
立法建议如下：

第253条［统计人员］

统计人员应当遵守统计职业道德，具备统计专业知识、业务能力。因与统计职务有关的违法行为被依法追究刑事责任的人员，不得再从事统计工作。

二、统计要求

规范统计标准，设置相应的应用序位，规定统计标准制度。
立法建议如下：

第254条［统计标准］

制定统一的国家统计标准，部门统计标准不得与国家统计标准相抵触。

统计要求真实性、准确性、完整性、及时性，设置统计要求的一般条款。立法建议如下：

第255条［统计要求］

统计调查对象必须真实、准确、完整、及时地提供统计调查所需的资料，不得伪造、篡改统计资料，不得迟报、拒报统计资料。

三、统计实施

规范统计调查项目运行，实施正确有效的调查方法，设立统计调查制度。立法建议如下：

第256条［统计调查］

统计调查项目包括国家统计调查项目、部门统计调查项目和地方统计调查项目，互相衔接，不得重复。统计调查应当以周期性普查为基础，实施经常性抽样调查，综合运用全面调查、重点调查等方法。

规范统计行为，加强统计监督检查，对查处统计违法行为作出规定。立法建议如下：

第257条［统计违法行为查处］

国家统计机构负责查处重大统计违法行为。县级以上地方人民政府统计机构依法查处本行政区域内发生的统计违法行为。

第十章

产业发展法律制度

产业是整个国民经济的基础，产业政策成为发展导向。

党的二十大要求，建设现代化产业体系。国民经济发展，应以产业政策为指导、竞争政策为基础，二者有机结合。

产业发展制度，基本素材可见之于《宪法》相关内容，《农业法》《电力法》《煤炭法》《铁路法》《公路法》《航道法》《港口法》《民用航空法》《邮政法》《旅游法》《电影产业促进法》《城市房地产管理法》《建筑法》等经济法律。

与《经济法典》"总则"产业发展法律制度总体条文相呼应，现探讨本章的具体制度设计。

第一节 产业政策调控

一、产业政策

经济法在某种意义上就是国家经济政策的法治化。英国法学家施米托夫曾指出："经济法中包含有政府的政策，并进一步使之具体化。"他觉得："把政府的政策详细地纳入法律之中，是英国经济法的一大特色。"[1]其实，各国经济法均具有这样的特色，社会主义经济法更是这样。中国在经济建设实践中，发挥政策和法律的各自优势，并促进政策和法律互联互动，实现依法治理经济。为发挥国家行为的主动性，有效调配产业资源，促进产业成长，规

---

〔1〕 ［英］施米托夫：《英国经济法的概念》，载［英］施米托夫：《国际贸易法文选》，赵秀文选译，中国大百科全书出版社1993年版，第37页。

定产业政策。

立法建议如下：

第 258 条 [产业政策]

国家产业政策引导产业发展方向，优化产业布局，推动现代化产业体系建设。

所谓新质生产力，是指传统生产力之后的各种新兴生产力手段。中央政治局 2024 年 1 月 31 日就"扎实推进高质量发展"进行了集体学习。习近平指出，必须牢记高质量发展是新时代的硬道理。他强调，发展新质生产力是推动高质量发展的内在要求和重要着力点，必须做好创新这篇大文章，推动新质生产力加快发展。新质生产力，特点是创新，关键在质优，本质是先进生产力。我们必须深刻理解、有力贯彻党的生产力创新理论，并通过经济立法予以确定和推进。

立法建议如下：

第 259 条 [发展新质生产力]

新质生产力，是以科技突破为引领，以全要素创新配置为核心，以产业深度升级为动力，推动劳动者、劳动资料、劳动对象的全新优化。

国家实施创新驱动发展战略，形成和加快发展新质生产力，增强经济发展新动能，推动产业链供应链优化升级，培育新兴产业和未来产业，推进数字经济创新发展。

发展新质生产力，应当因地制宜。

党的二十大提出："建设现代化产业体系。坚持把发展经济的着力点放在实体经济上，推进新型工业化，加快建设制造强国、质量强国、航天强国、交通强国、网络强国、数字中国。"把发展经济的着力点放在实体经济上，规定坚守实体经济制度。

立法建议如下：

第 260 条 [坚守实体经济]

坚持把发展经济的着力点放在实体经济上，优化市场供给结构。

为发展实体经济，健全产业基础支撑体系，规定产业基础再造制度。

立法建议如下：

第 261 条 ［产业基础再造］

实施产业基础再造工程，完善核心技术、基础软件、基础材料、基础工艺的促进机制，健全产业基础支撑体系。

分行业做好供应链战略设计和精准施策，推进制造业补链强链，推动产业链供应链多元化，对产业链供应链专作规定。

立法建议如下：

第 262 条 ［产业链供应链］

形成具有创新力的产业链供应链，健全资源、技术、装备支撑体系，加强国际产业链供应链合作。

为加快实施制造强国战略，提升制造业根植性和竞争力，对制造业优化升级专作规定。

立法建议如下：

第 263 条 ［制造业优化升级］

培育先进制造业集群，实施智能制造和绿色制造工程，建设制造强国。

二、产业政策与竞争政策的协同：竞争为基础，产业为主导

为正确处理政府与市场的关系，强化公平竞争地位，推动产业创新转型，为此专门对产业政策与竞争政策的并用作出规定。

立法建议如下：

第 264 条 ［产业政策与竞争政策的并用］

坚持产业政策与竞争政策并用，完善基础性竞争制度、主导性产业制度。

第二节 现代化产业体系建设

一、农业

农业是国民经济中的第一产业。狭义的农业仅指种植业，广义的农业则包括种植业、林业、畜牧业、渔业、副业。多年来中央一号文件为农业发展提供政策指引。2023年，第一产业增加值比上年增长4.1%。为巩固和加强农业在国民经济中的基础地位，建设农业强国，规定农业发展优先制度。

立法建议如下：

第265条 [农业优先]

坚持农业优先发展，深化农业供给侧结构性改革。完善粮食最低收购价，构建新型农业支持体系。

发展大农业（农、林、牧、渔），体现大食物观，对建设大农业作出规定。

立法建议如下：

第266条 [建设大农业]

夯实粮食生产能力基础，综合发展种植业、林业、畜牧业、渔业，建设大农业，树立大食物观。

二、制造业

2023年，全部工业增加值比上年增长4.2%，规模以上工业增加值增长4.6%，制造业增长5%。制造业的基础是传统产业，分别从原材料产业、优质产品、化工产业等方面专作规定。

立法建议如下：

第267条 [传统制造产业]

改造提升传统产业，推动原材料产业结构调整，扩大轻工、纺织等优质产品供给，促进化工产业改造升级，完善绿色制造体系。

为构建新兴产业增长引擎，加速形成未来产业集群，瞄准新兴产业作出前沿规定。

立法建议如下：

第 268 条 ［新兴制造产业］

集群发展新技术、新能源、新材料、新装备等新兴产业，构建各具特色、优势互补的新兴产业增长模式。

在类脑智能、量子信息、基因技术等前沿领域，加强前沿技术交叉融合，建立未来技术应用场景实施机制，形成未来产业集群。

三、建筑业

2023 年，建筑业增加值比上年增长 7.1%。在现代产业体系中，建筑业具有重要地位。为加强建筑安全生产管理，促进建筑业高质量发展，对建筑业专作规定。

立法建议如下：

第 269 条 ［建筑业］

发展建筑业。支持建筑科学技术研究，提高建筑设计水平，提倡先进技术、先进设备、先进工艺、新型材料和现代管理方式。实施建筑工程施工许可，规范建筑工程发包与承包关系，加强建筑安全生产管理、建筑工程监理。

四、交通运输业

中共中央、国务院印发《交通强国建设纲要》（2019 年），提出建设交通强国规划。中共中央、国务院印发《国家综合立体交通网规划纲要》（2021 年），为交通运输业提供规划。为健全交通运输体系，促进交通运输方式融合发展，对综合交通运输体系专作规定。

立法建议如下：

第 270 条 [综合交通运输体系]

建设现代化综合交通运输体系，推进各种运输方式融合发展，推进城市群都市圈交通一体化，完善综合运输大通道。

铁路运输非常重要，要加快城际铁路、市域（郊）铁路建设，专设规定。立法建议如下：

第 271 条 [铁路运输]

促进高速铁路发展，优化铁路客货运输布局。支持城际铁路、市域（郊）铁路建设，有序推进城市轨道交通发展。

推动高速公路、国省道建设，改革公路运输体制，规定公路运输制度。立法建议如下：

第 272 条 [公路运输]

提升高速公路网络质量，构建高速公路环线系统，推进国省道贯通升级。

加快内河运输建设，提升内河运输效率，设置对内河运输（水运）的规范。立法建议如下：

第 273 条 [内河运输（水运）]

优化内河运输网络体系，建设数字水运，推动内河航道扩能升级。

立足海洋强国战略，海洋运输是未来的战略重点之一，加强对海洋运输（海运）的规范。立法建议如下：

第 274 条 [海洋运输（海运）]

依法建设世界级港口群，提升海洋运输工具、设备水平，发展远洋运输，优化海运航线布局，维护海运通道安全畅通。

全面深化空管体制改革，加快建设航空强国，优化对航空运输的规范。
立法建议如下：

第 275 条 [民用航空运输]

稳步建设支线机场、通用机场、货运机场，发展民用航空，建设航空强国。

发挥管道运输的战略意义，保障油气运输安全，对管道运输作出规定。
立法建议如下：

第 276 条 [管道运输]

建设石油天然气主干管道，完善油气互联互通网络，保障油气管道安全。

五、邮政、电信业

优化邮政普遍服务，促进邮政业发展。大力发展快递业务，提高快递业运行效率。
立法建议如下：

第 277 条 [邮政、快递业]

加强邮政设施建设，优化邮政普遍服务，完善邮政资费及损失赔偿规定。
健全快递业务促进机制，实施快递便利送达工程，推进快递包装减量化、标准化、循环化。

推动电信技术应用，促进电信业务开放，防治电信网络诈骗，对电信业作出规定。
立法建议如下：

第 278 条 [电信业]

健全电信技术应用机制，有序推进电信业务开放。依法加强电信监管，有效防治电信网络诈骗。

没有信息化就没有现代化，过不了互联网这一关就进入不了现代化。

立法建议如下：

第 279 条　[信息业]

加快信息技术应用，发展信息经济，促进信息产业化，推进网络强国建设。

六、贸易、服务业

优化国内贸易体系，加快国际贸易发展，对贸易业作出规定。
立法建议如下：

第 280 条　[国内贸易业]

优化国内贸易体系，发展跨境电商，建设国际贸易服务网络、国际商贸中心，提升贸易数字化水平。

以服务制造业高质量发展为导向，推动生产性、工作性服务业的专业化、高端化、国际化发展，对生产性、工作性服务业作出规定。
立法建议如下：

第 281 条　[生产性、工作性服务业]

发展设计、咨询、检验、认证、会计、法律等服务，推动供应链服务创新发展。

以提升生活便利度为导向，推动生活性服务业向高品质和多样化升级，对生活性服务业作出规定。
立法建议如下：

第 282 条　[生活性服务业]

发展餐饮、健康、养老、托育、旅游、体育等生活性服务业，推动家政服务业与智慧社区融合发展，促进外卖行业数字化。

七、文化、旅游和健康业

打造新型文化业态，实施文化品牌战略，建设文化强国，对文化产业作出规定。

立法建议如下：

第 283 条 [文化产业]

发展新型文化业态，壮大数字创意文化产业。培育骨干文化企业，规范发展文化产业园区，推动区域文化产业带建设。

丰富人民群众精神文化生活，促进电影产业发展，对电影产业作出规定。

立法建议如下：

第 284 条 [电影产业]

坚持经济效益和社会效益相统一，突出社会效益。鼓励电影创作、摄制，规范电影发行、放映，支持电影产业发展。

发展旅游经济，建设世界级、国家级旅游品牌，提升旅游服务品质，对旅游业作出规定。

立法建议如下：

第 285 条 [旅游业]

发展大众旅游、智慧旅游，创新旅游产品体系，推进文化旅游、旅游演艺等创新发展，建设国家级旅游城市、世界级旅游景区。

把保障人民健康放在优先发展的战略位置，为群众提供全方位全生命期健康服务，对健康产业作出规定。

立法建议如下：

第 286 条 [健康产业]

发展大健康业，健全公共卫生体系，完善全民医保制度，推动中医药传承创新。

推广体育运动，发展体育经济，建设体育强国，对体育产业作出规定。

立法建议如下：

第287条［体育产业］

推广体育用品制造、体育服务等体育产业，发展特色体育产业。

八、养老、托幼业

对人口大国而言，养老是一个关键问题。为促进家庭、政府、社会共同发力，发展银发经济，对养老业作出规定。

立法建议如下：

第288条［养老业］

实施积极应对人口老龄化国家战略，推动实现全体老年人享有基本养老服务。健全基本养老服务体系，发展普惠型养老服务，构建居家社区机构相协调、医养康养相结合的养老服务体系。发展银发经济，开发适老化技术和产品，培育智慧养老新业态。

托幼业是生育政策落地的重要支撑，促进儿童健康发展，关系千家万户，关乎社会发展和民族未来。为发展普惠托育服务体系，促进托幼业全面发展，对托幼业作出规定。

立法建议如下：

第289条［托幼业］

发展普惠托育服务体系，发展多种形式的婴幼儿照护服务机构，鼓励幼儿园发展托幼一体化服务。

九、金融业

在国民经济体系中，以实体经济为根基，金融为血脉，金融与经济两者共生共荣。立足现代产业体系建设，促进银行业、信托业、证券业、保险业的发展，深化相关金融市场的互联互通，规定金融业发展机制。

立法建议如下：

第 290 条 ［金融业发展］

加快金融业发展。推进银行、证券、保险、基金、信托等金融领域开放，深化金融市场与其他市场的互联互通。

十、环保业

"综观世界发展史，保护生态环境就是保护生产力，改善生态环境就是发展生产力。良好的生态环境是最公平的公共产品，是最普惠的民生福祉。"[1]自然环境是重要的生产力，"环保"现已纳入宏观经济治理体系之列。国家将每年的 3 月 12 日定为"植树节"。与《经济法典》"总则"第 1 条"生态环境良好"目标相呼应，必须强调环保政策的地位和作用。2023 年生态环境质量稳中改善；2024 年预期生态环境质量持续改善。实现并保持生态环境良好，需要大力发展环保产业；但必须强调，这是每位公民应尽的义务，是各行各业共有的责任。

立法建议如下：

第 291 条 ［生态环境良好］

坚持保护环境基本国策，加强生态文明建设，推进绿色低碳发展，使经济社会发展与环境保护相协调。

国家推动环保事业发展，促进人与自然和谐共生，保障实现生态环境良好、建设美丽国家调控目标。

第三节　军民经济融合发展

一、统筹经济建设和国防建设

优化国防建设布局，助力国民经济建设，实现经济建设与国防建设并进。

---

[1] 习近平：《良好的生态环境是最普惠的民生福祉》，载《习近平著作选读》（第 1 卷），人民出版社 2023 年版，第 113 页。

立法建议如下：

第292条［经济建设与国防建设并进］

统筹安排经济建设和国防建设，优化国防科技工业布局，集中力量实施国防领域重大工程，完善现代军事物流体系、资产管理体系。

实施区域经济发展战略，加强军事建设的有机衔接，对国防建设与区域经济布局的关系作出规定。

立法建议如下：

第293条［国防建设与区域经济布局衔接］

促进军事建设布局与区域经济布局的有机衔接，更好服务国家发展战略需要。

二、军民科技融合发展

加强高新前沿领域的科技合作，推动资源共享，立法促进军民科技融合发展。

立法建议如下：

第294条［军民科技融合发展］

深化军民科技协同创新，加强前沿领域的军民科技融合发展，推动军地科研设施资源共享。

第四节 循环经济促进

一、循环经济促进

促进减量化、再利用、资源化，加快循环经济发展，规定循环经济促进制度。

立法建议如下：

第 295 条 [循环经济促进]

发展循环经济，促进废弃物减量化、再利用、资源化活动，进行综合利用，提高资源化率。推行设备更新，加强梯次利用。

二、清洁生产

坚持清洁生产理念，实施清洁生产，专作规定。

立法建议如下：

第 296 条 [清洁生产]

推行清洁生产，定期发布清洁生产导向目录、指南、名录，采用资源利用率高、污染物产生量少的方案、技术、工艺和设备。

第十一章

科技创新法律制度

科技是第一生产力。人工智能（AI）技术作为研究、开发以应用于模拟延伸和推进人类智能的现代化能力，法律对此要作出适时的回应。应用大数据、人工智能、物联网、云计算、区块链等新一代科技，不断推动科技创新。

党的二十大强调，完善科技创新体系。

科技创新制度，基本素材可见之于《宪法》相关内容，《科学技术普及法》《科学技术进步法》《促进科技成果转化法》等经济法律。

与《经济法典》"总则"科技创新法律制度总体条文相呼应，现探讨本章的具体制度设计。

第一节　科技强国支持制度

一、科学技术进步

发挥科学技术第一生产力的作用，解决科技与经济深度融合的突出问题，对科学技术进步作出规定。

立法建议如下：

第 297 条 ［科学技术进步］

国家推动科学进步事业。

全面应用大数据、人工智能、物联网、云计算、区块链等新一代科技，加快科技成果向现实生产力转化，推动科技创新引领国民经济发展。

毛泽东同志曾尖锐地指出："不搞科学技术，生产力无法提高。"[1]他响亮地发出号召："我们必须打破常规，尽量采用先进技术，在一个不太长的历史时期内，把我国建设成为一个社会主义的现代化的强国。"[2]习近平同志进一步指出："要加快科技自立自强。这是确保国内大循环畅通、塑造我国在国际大循环中新优势的关键。"[3]通过科技发展促进国家发展，逐步实现中国式现代化，建设科技强国，专设规定。

立法建议如下：

第 298 条 ［科技强国行动］

国家实施科教兴国战略，增强国民经济发展的基础支撑。

推动高水平科技自主自强，建设科技强国。

二、科技攻关

为布局科技项目，部署技术研发，规定科技攻关举国体制。

立法建议如下：

第 299 条 ［科技攻关举国体制］

发挥科技攻关举国体制优势，布局具有前瞻性、战略性的科学技术重大项目、重大任务，部署关键核心技术研发。

重视科技基础攻坚，提高基础研究的地位，规定科技基础攻坚问题。

立法建议如下：

第 300 条 ［科技基础攻坚］

加强科技基础攻坚，对基础研究探索实行长周期评价，鼓励多渠道资金投入。

---

〔1〕 毛泽东：《不搞科学技术，生产力无法提高》，载《毛泽东文集》（第 8 卷），人民出版社 1999 年版，第 351 页。

〔2〕 毛泽东：《把我国建设成为社会主义的现代化强国》，载《毛泽东文集》（第 8 卷），人民出版社 1999 年版，第 341 页。

〔3〕 习近平：《关于构建新发展格局》，载《习近平著作选读》（第 2 卷），人民出版社 2023 年版，第 372 页。

"卡脖子"技术因应国家急迫需要和长远需求，为此从立法加以促进。

立法建议如下：

第301条［核心技术攻关］

从国家急迫需要和长远需求出发，集中优势资源攻关核心技术，实施具有前瞻性、战略性的国家重大科技项目。

三、组织、人力措施

促进创新主体发展，推进创新体系优化组合，规定产学研科技创新措施。

立法建议如下：

第302条［产学研科技创新］

完善国家实验室、国家工程研究中心、国家技术创新中心的支持机制。发展研究型大学、新型研发机构，联合组建研究开发平台、技术创新联盟、创新联合体等。

建设重大科技平台，建设创新型国家，设立重大科技平台制度。

立法建议如下：

第303条［重大科技平台］

建设国家自主创新示范区、国家高新技术产业开发区、国家经济技术开发区，发展国际科技创新中心、国家大数据中心。

集聚创新要素，提升企业技术创新能力，促进企业技术创新。

立法建议如下：

第304条［企业技术创新］

完善企业创新要素集聚机制，研发产业共性基础技术，完善创新服务体系。

"坚持弘扬科学家精神"，"这是做好人才工作的精神引领和思想保证"。[1] 营造科学家健康成长环境，更好发挥科学家作用，弘扬科学家精神。

立法建议如下：

第305条 〔科学家精神〕

弘扬科学家精神，激励科学家严谨治学、创新求索、诚信清正、服务社会，推动科学事业发展。

弘扬工匠精神，推动技术发展。

激发人才科技创新能力，健全评价体系，规定科技创新人才保障措施。

立法建议如下：

第306条 〔科技创新人才保障〕

健全以创新能力、质量、实效、贡献为导向的科技人才评价体系，完善战略科学家、科技领军人才培养、引进、使用、职称、职务机制。

四、物质措施

加强物质激励，形成有竞争力的分配机制，设立科技创新物质条件保障措施。

立法建议如下：

第307条 〔科技创新物质条件保障〕

为科研人员配套办公场所、设施设备、数据资源等，完善体现创新要素价值的收益分配机制，对有突出贡献者给予待遇和荣誉激励，创新股权、期权、分红等激励方式。

五、国际合作

促进科技开放合作，融入全球创新网络，规定科技创新国际合作机制。

---

〔1〕 习近平：《全面贯彻新时代人才工作新理念新战略新举措》，载《习近平著作选读》（第2卷），人民出版社2023年版，第519页。

立法建议如下：

第 308 条 ［科技创新国际合作］

实施国际科技交流合作战略，设立面向全球的科学研究基金，更加主动融入全球创新网络。

第二节 科技创新促进

一、科技创造

推动目标导向和自由探索有机结合，提升科学技术的源头供给能力，规定基础研究能力建设。

立法建议如下：

第 309 条 ［基础研究能力建设］

国家加快基础研究基地建设，推动目标导向和自由探索有机结合，加强新兴、战略产业基础研究，建立相应的评价体系和激励机制。

聚焦战略高新技术、核心关键技术，规定自主创新能力建设机制。

立法建议如下：

第 310 条 ［自主创新能力建设］

发展自主可控的战略高新技术、核心关键技术，完善知识产权保护、科技保密能力建设机制，保障重大技术安全。

保障财政投入稳定，逐步提高基础研究经费的比例，规定财政投入制度。

立法建议如下：

第 311 条 ［财政投入］

建立稳定支持基础研究的国家财政投入机制，提高基础研究经费在全社会研究开发经费配置中的比例。

立足自然科学、社会科学各自特色，规定科研项目"揭榜挂帅"制度。
立法建议如下：

第312条 ［揭榜挂帅］

完善科研项目揭榜挂帅制度。自然科学项目发榜后，进行技术攻关、成果转化。社会科学项目发榜后，提供运行方案、决策咨询、制度建议。

为扩大科研项目经费管理自主权，形成对科研人员的有效、持续激励，规定科研经费使用管理制度。
立法建议如下：

第313条 ［科研经费使用管理］

扩大科研项目经费管理自主权，提高间接费用比例，扩大劳务费开支范围，合理核定绩效工资总量，实施科研财务助理制度。

二、科技转化

促进科技成果转化，支持科技成果全面应用，对科技成果转化方式作出规定。
立法建议如下：

第314条 ［科技成果转化］

科技成果持有者依法进行科技成果转化，包括自行投资、成果转让、许可他人使用、与他人共同实施转化、折算股份或者出资比例。

从约定与惯例做法两个角度，对科技成果转化的合作成果作出规定。
立法建议如下：

第315条 ［合作成果］

科技成果完成单位与其他单位合作进行科技成果转化的，应当依法由合同约定权益归属。合同未作约定的，按照各方贡献，经合作各方同意，确定权益归属。

持续激励重要贡献人员加强科技成果转化，规定科技成果奖励制度。

立法建议如下：

第 316 条 ［科技成果奖励］

职务科技成果转化后，由科技成果完成单位对实际作出重要贡献人员给予奖励，可以规定或者约定奖励和报酬的方式、数额和时限。

三、科技推广

体现城乡各自特色，从城市到农村实现科技推广全面覆盖，立法加以促进。

立法建议如下：

第 317 条 ［科技全面推广］

农村经济组织、农村学校、农业技术推广机构等组织应当体现乡村发展特色，在当地推广普及科学技术知识。城镇基层组织、社区、公共场所应当结合城市发展特色，利用所在地科教资源开展科普活动。

从科技发展出发，正确对待科技发展与知识产权保护问题，解决知识产权实际应用和维权问题，规定知识产权保护条款。

立法建议如下：

第318 条 ［知识产权保护］

培育知识产权密集型产业，发展知识产权保护运用公共服务平台。加强知识产权仲裁、调解、公证工作，健全知识产权维权援助体系，实施知识产权侵权惩罚性赔偿制度。

第十二章

数字经济发展法律制度

数字经济泛指直接或者间接运用数字技术来引导资源发挥作用，以创造财富、提供服务的经济形态。

党的二十大要求，加快发展数字经济，促进数字经济和实体经济深度融合。

数字经济发展制度，基本素材可见之于《宪法》相关内容和《数据安全法》等相关立法。

与《经济法典》"总则"数字经济发展法律制度总体条文相呼应，现探讨本章的具体制度设计。

第一节　数字经济规范支撑

一、数字经济的规范化

中央要求，"发展数字经济，抢占未来发展制高点"。[1]这显示出中国发展战略的高瞻远瞩。《"十四五"数字经济发展规划》（2021 年）提出数字经济发展思路。为保障数字经济在法治轨道上有效运行，建设数字中国，规定数字经济规范化、市场化条款。

立法建议如下：

第 319 条 ［数字经济的规范化、市场化］

推进数据基础制度建设，规范算法运用，加快数字经济发展，促进数字

---

〔1〕 习近平：《发展数字经济，抢占未来发展制高点》，载《习近平著作选读》（第 2 卷），人民出版社 2023 年版，第 534 页。

经济规范化、市场化，提高数字经济竞争力。

二、数字经济基础设施建设

发展数字经济基础设施，实现智能高效融合，规定数字经济基础设施建设机制。

立法建议如下：

第320条［数字经济基础设施建设］

适度超前建设数字经济基础设施，布局数字网络枢纽节点，形成全国一体化算力体系。

三、数字经济公共服务

提高数字经济政务服务效能，创新政务服务场景，规定数字经济政务服务制度。

立法建议如下：

第321条［数字经济政务服务］

建设数字政府，实行"一网通办"，健全数字经济数据共享、统一认证机制，推动线上线下监管有效衔接，推广主动式、多层次的数字经济政务服务场景。

提升数字化普惠水平，发展农村信息化服务，规定数字经济普惠服务制度。

立法建议如下：

第322条［数字经济普惠服务］

推动数字经济服务高效共享，发展普惠服务、远程服务、无障碍建设，完善农村地区信息化服务供给。

第二节 数字经济应用发展

一、加快推动数字产业化

培育新增长点，引导新型就业创业平台发展，推动数字产业化，规定新业态新模式。

立法建议如下：

第 323 条 [新业态新模式]

扩大在线服务覆盖面，推广平台经济、共享经济、微经济，培育无人化等增长点，引导创新创业平台发展。

营造产业创新生态，加快数字经济新型协作，规定产业创新生态制度。

立法建议如下：

第 324 条 [产业创新生态]

发展数字经济领军企业、创新型企业，发展新型协作平台，形成创新要素产业带、产业园。

未来产业是指目前尚处于孕育孵化期，未来将高速发展、具有前沿战略意义的产业。着眼未来，抓住前沿技术发展机遇，推动新一代数字产业与未来产业融合，专作规定。

立法建议如下：

第 325 条 [新一代数字产业]

推动前沿技术突破，与未来产业加速融合，发展新一代数字产业。

坚持自主创新，在数字产业化过程中解决实际问题，有效维护国家科技安全，对自主数字产业链作出规定。

立法建议如下：

第 326 条 ［自主数字产业链］

自主制定数字产业化标准体系，培育数字科技自主知识产权，建设自主数字产业链。

二、推进产业数字化转型

推动基础产业数字化转型，提升产业数字化水平，对重点产业数字化作出规定。

立法建议如下：

第 327 条 ［重点产业数字化］

提升重点产业数字化水平，完善信息技术在重点产业的集成创新、融合应用、迭代优化机制。

推动产业集群数字化转型，加强虚实结合，对产业集群数字化作出规定。

立法建议如下：

第 328 条 ［产业集群数字化］

引导产业集群数字化，发展平台企业与产业园区联合运营模式，建设虚拟园区，构建虚实结合的产业数字化新生态。

促进企业数字化转型升级，推动企业上云，对企业数字化作出规定。

立法建议如下：

第 329 条 ［企业数字化］

推动企业研发、生产、加工、销售等业务数字化转型，提升智能决策能力。

为正确处理发展与规范的关系，推动数字经济持续发展，专作规定。

立法建议如下：

第 330 条 ［在发展中规范，在规范中发展］

在数字经济发展中加强依法治理，健全数字经济法治体系，推动数字技术与实体经济深度融合、全面发展。

第十三章

财政法律制度

财政通过调节社会资源、优化分配体系，保障国民经济供需平衡、稳定发展。

党的二十大要求，健全宏观经济治理体系；加强财政政策和货币政策协调配合；健全现代预算制度。

财政制度，基本素材可见之于《宪法》相关内容，《预算法》《政府采购法》《会计法》《注册会计师法》等经济法律。

与《经济法典》"总则"财政法律制度总体条文相呼应，现探讨本章的具体制度设计。

第一节　财政政策调控

国家对深化财税体制改革十分重视。"财政是国家治理的基础和重要支柱，科学的财税体制是优化资源配置、维护市场统一、促进社会公平、实现国家长治久安的制度保障。"[1]财政政策对经济结构、产业升级有着显著作用，立法促进其发挥积极功能。

立法建议如下：

第 331 条 ［财政政策调控］

财政政策目标是规范政府财政行为，增加国家财政收入，合理分配财力运用，以优化经济结构，引导产业升级，促进经济和社会发展。

---

〔1〕 习近平：《关于〈中共中央关于全面深化改革若干重大问题的决定〉的说明》，载《习近平著作选读》（第 1 卷），人民出版社 2023 年版，第 167 页。

规范税收征管，保障国家财政收入稳定。

地方政府不能依赖通过出让土地获取财政收入。

严格贯彻收支两条线，行政机关所需活动经费按照国家有关规定执行；所有罚款必须上缴国库。

第二节　国家预算的制定

一、制定主体

保障国务院按照《宪法》和《国务院组织法》的规定，更好地履行财政工作职权。

立法建议如下：

第332条 [国务院财政工作职权]

国务院编制中央预算、决算草案；向全国人民代表大会作关于中央和地方预算草案的报告；组织中央和地方预算的执行；编制中央预算调整方案；向全国人民代表大会报告中央和地方预算的执行情况。

保障财政部门履行在财政方面的职能，专作规定。

立法建议如下：

第333条 [财政机构职能]

国家财政部门在国务院领导下，具体编制中央预算、决算草案；具体组织中央和地方预算的执行；具体编制中央预算的调整方案；定期向国务院报告中央和地方预算的执行情况。

二、制定要求

健全预算体系，界定预算范围，规定分级预算制度。

立法建议如下：

第334条 ［分级预算］

国家实行一级政府一级预算，设立中央，省、自治区、直辖市，设区的市、自治州，县、自治县、不设区的市、市辖区，乡、民族乡、镇等分级预算。

全国预算由中央预算和地方预算组成。地方预算由各省、自治区、直辖市总预算组成。地方各级总预算由本级预算和汇总的下一级总预算组成。预算包括一般公共预算、政府性基金预算、国有资本经营预算、社会保险基金预算。

2023年，全国一般公共预算收入比上年增长6.4%，全国一般公共预算支出比上年增长5.4%。为规范中央与地方公共预算，协调预算收入与支出，规定一般公共预算制度。

立法建议如下：

第335条 ［一般公共预算］

中央一般公共预算包括中央各部门的预算和中央对地方的税收返还、转移支付预算。地方各级一般公共预算包括本级各部门的预算和税收返还、转移支付预算。

一般公共预算收入包括各项税收收入、行政事业性收费收入、国有资源（资产）有偿使用收入、转移性收入和其他收入。一般公共预算支出包括一般公共服务支出，外交、公共安全、国防支出，农业、环境保护支出，教育、科技、文化、卫生、体育支出，社会保障及就业支出和其他支出。

对特定公共事业发展的收支预算，规定政府性基金预算。

立法建议如下：

第336条 ［政府性基金预算］

政府性基金预算是对依法在一定期限内向特定对象征收、收取或者以其他方式筹集的资金，专项用于特定公共事业发展的收支预算。政府性基金预算应当根据基金项目收入情况和实际支出需要，做到以收定支。

对国有资本收益作出支出安排，规定国有资本经营预算制度。

立法建议如下：

第 337 条 ［国有资本经营预算］

国有资本经营预算是对国有资本收益作出支出安排的收支预算。国有资本经营预算应当按照收支平衡的原则编制，不列赤字，并安排资金调入一般公共预算。

保障社会保险的收支预算，实现收支平衡，规定社会保险基金预算制度。

立法建议如下：

第 338 条 ［社会保险基金预算］

社会保险基金预算是对社会保险缴款、一般公共预算安排和其他方式筹集的资金，专项用于社会保险的收支预算。社会保险基金预算应当按照统筹层次和社会保险项目分别编制，做到收支平衡。

三、制定程序

为完善各级预算收入、支出的编制，引入预算周转金、预算稳定调节基金，对预算编制作出规定。

立法建议如下：

第 339 条 ［预算编制］

各级预算收入的编制，应当与经济社会发展水平相适应，将所有政府收入全部列入预算，不得隐瞒、少列。各级预算支出按其功能和经济性质分类编制，严格控制机关运行经费、基本建设支出，优先安排国家确定的重点支出。可以设置预算周转金、预算稳定调节基金。

为落实预算的审查批准，对预算审批作出规定。

立法建议如下：

第340条［预算审批］

中央预算由全国人民代表大会审查和批准，地方各级预算由本级人民代表大会审查和批准。

第三节　国家预算执行

一、预算执行

明确预算执行主体，落实执行责任制，作出相应规定。

立法建议如下：

第341条［预算执行］

各级预算由本级政府组织执行，具体工作由本级政府财政部门负责。各部门、各单位是本部门、本单位的预算执行主体，负责本部门、本单位的预算执行。

及时、足额征收预算收入，杜绝各类违法违规行为，规定预算收入征收制度。

立法建议如下：

第342条［征收预算收入］

依法及时、足额征收应征的预算收入。不得违反法律、行政法规规定，多征、提前征收或者减征、免征、缓征应征的预算收入，不得截留、占用或者挪用预算收入。

区分不同层级的国库管理，加强预算收入的收纳、划分、留解、退付和预算支出的拨付，规定国库管理制度。

立法建议如下：

第343条〔国库管理〕

县级以上各级预算应当设立国库；具备条件的乡、民族乡、镇也应当设立国库。

中国人民银行具体经理国库。

国库及时准确地办理预算收入的收纳、划分、留解、退付和预算支出的拨付。实行国库集中收缴和集中支付制度，对政府全部收入和支出实行国库集中收付管理。

规范预算动用程序，强化预算约束，规定预算动用制度。

立法建议如下：

第344条〔预算动用〕

不得截留或者动用应当上缴的预算收入，不得擅自改变预算支出的用途。各级预算预备费的动用方案，由本级政府财政部门提出，报本级政府决定。各级预算周转金由本级政府财政部门管理，不得挪作他用。

各级一般公共预算超收收入、结余资金，均与预算稳定调节基金相关联，作出规定。

立法建议如下：

第345条〔调节基金〕

各级一般公共预算年度执行中有超收收入的，只能用于冲减赤字或者补充预算稳定调节基金。各级一般公共预算的结余资金，应当补充预算稳定调节基金。

省级一般公共预算年度执行中出现短收，通过调入预算稳定调节基金、减少支出等方式仍不能实现收支平衡的，依法报批可以增列赤字，并应当在下一年度预算中予以弥补。

从实际出发，必要时进行预算调整，规范预算调整活动，规定预算部分调整制度。

立法建议如下：

第 346 条 ［预算的部分调整］

在财政执行中必要时进行预算调整。预算调整情形包括增加或者减少预算总支出、调入预算稳定调节基金、调减预算安排的重点支出数额、增加举借债务数额。

在预算执行中，地方各级政府因上级政府增加不需要本级政府提供配套资金的专项转移支付而引起的预算支出变化，不属于预算调整。

二、决算

决算编制应当与预算相对应，分别规定国家财政部门、县级以上地方各级财政部门、乡级政府编制决算草案的程序，作出规定。

立法建议如下：

第 347 条 ［决算编制］

决算草案由各级政府、各部门、各单位，在每一预算年度终了后按时编制。决算草案应当与预算相对应，按预算数、调整预算数、决算数分别列出。

为保障决算的审查批准，对决算审批作出规定。

立法建议如下：

第 348 条 ［决算审批］

中央决算由全国人民代表大会审查和批准，地方各级决算由本级人民代表大会审查和批准。

第四节　财政转移支付

一、财政转移支付

明确财政转移支付目标，区分转移支付方向，对财政转移支付作出规定。

立法建议如下：

第 349 条 ［财政转移支付］

财政转移支付以推进地区间基本公共服务均等化为目标，包括中央对地方的转移支付和地方上级政府对下级政府的转移支付。

根据一般性转移支付、共同财政事权转移支付、专项转移支付的具体情况，进行相应的类型规定。

立法建议如下：

第 350 条 ［财政转移支付类型］

一般性转移支付结合财力状况增加，并向中西部财力薄弱地区倾斜，促进地区间财力分布更加均衡。

共同财政事权转移支付根据中央财政支出责任足额安排，实行差异化的补助政策，推进地区间基本公共服务水平均衡。

专项转移支付的资金定向精准使用，加强对地方的引导激励。

二、对承担转移一方的要求

探索财政评估机制及指标体系，实现政治、道德责任与经济责任的统一。

立法建议如下：

第 351 条 ［承担转移一方：政治、道德责任与经济责任的统一］

探索区域间均衡度评估机制及指标体系，合理确定支出标准和支出责任分担比例，根据评估结果调整支出政策和项目安排，实现政治、道德责任与经济责任的统一。

对不符合党中央、国务院决策部署和法律、行政法规有关规定的财政转移支付，原则上予以取消。

加强对口帮扶，支持特定地区，推动区域协调发展，规定对口帮扶制度。

立法建议如下：

第 352 条〔对口帮扶〕

加强对口帮扶，促进财政资金支持欠发达地区和财政困难地区。对革命老区、民族地区、边疆地区和欠发达地区设立专门的转移支付项目。

三、对接受支付一方的要求

根据合规要求进行财政分配，均衡地区间财力配置，设置依规分配机制。立法建议如下：

第 353 条〔接受支付方：依规分配〕

财政分配应当优化地区财力配置，合理确定直达资金范围和规模，促进基层财政平稳运行。

确保将资金用在刀刃上，真正促进当地经济社会发展，对所接受支付的合理使用作出规定。立法建议如下：

第 354 条〔合理使用〕

接受转移支付一方应当合理使用转移支付资金，改进转移支付绩效管理，健全转移支付绩效指标体系，根据实际情况适时调整支出计划。

第五节　政府举债

一、中央政府举债

从举债类型划分，中央政府举债可以分为国债、政府项目债券、国际债务，分别作出规定。立法建议如下：

第355条 ［中央政府举债类型］

国债用于政府筹集资金。

政府项目债券用于支持中央政府重大项目。

中央政府向国际金融市场发行国际债务，主要用于筹集国际资金。

国家可以发行超长期特别国债，专项用于实施国家重大战略和重点领域安全能力建设。

明确中央政府作为偿还中央债务主体责任，专作规定。

立法建议如下：

第356条 ［中央政府举债责任］

中央政府债务的偿还主体为中央政府。中央政府通过吸引社会资本参与，采取PPP模式，化解政府债务。

为有效化解中央政府债务风险，积极寻求解决措施，专作规定。

立法建议如下：

第357条 ［中央政府债务风险化解］

中央政府加强对中央政府债务的风险评估、风险预警，及时采取控制项目、减少支出、处置资产、引入社会资本、国际合作措施化解债务风险。

二、地方政府举债

根据偿债资金来源，地方政府举债分为一般债务和专项债务，分别作出规定。

立法建议如下：

第358条 ［地方政府举债类型］

一般债务以地方政府一般公共预算收入偿还。

专项债务以地方政府性基金收入或对应的专项收入偿还。

明确地方人民政府作为偿还地方债务主体责任，坚持中央政府不为地方政府承担债务责任的原则，对地方政府偿债责任作出规定。

立法建议如下：

第359条 [地方政府举债责任]

作为本级政府债务的偿还主体，地方人民政府通过吸引社会资本参与，采取 PPP 模式，化解地方政府债务。除特别情况外，中央政府不为地方政府承担债务责任。

应对地方政府债务风险，满足建设投资需求，分类纳入预算管理，规定地方政府债务限额管理制度。

立法建议如下：

第360条 [地方政府债务限额管理]

根据债务风险、财力状况、建设投资需求等因素，各级政府财政部门提出当年政府债务限额并报本级人民政府批准后下达。确需举借债务的，应在政府批准的限额内，报本级人大常委会批准。各级政府年末政府债务余额不得突破批准的限额。

地方人民政府要将其所有政府债务纳入限额管理，并分类纳入预算管理，一般债务收支纳入一般公共预算管理，专项债务收支纳入政府性基金预算管理。

应对地方政府债务风险，突出对高风险地区的风险预警，探索偿还存量债务措施，规定地方政府债务风险防控制度。

立法建议如下：

第361条 [地方政府债务风险防控]

地方政府财政部门动态监测评价本级政府债务风险，并对高风险地区进行风险预警、定期约谈。制定中长期债务风险化解规划，通过控制项目、减少支出、处置资产、引入社会资本方式，多渠道偿还存量债务。

地方政府在法定债务限额之外，直接或间接承诺以财政资金偿还、违法提供担保等方式举借隐性债务，加强规制。

立法建议如下：

第362条 [地方政府隐性债务清理]

在不突破限额的前提下，对确需由政府偿还的隐性债务，偿还资金纳入预算管理。对违法违规担保的隐性债务，重新修订合同，解除担保关系。积极采取措施利用政府债务限额空间，优先解决隐性债务。

地方政府债务考核问责，既包括审计监督，也包括行政问责，分别作出规定。

立法建议如下：

第363条 [地方政府债务考核问责]

加强地方政府债务审计监督，将地方政府债务管理情况纳入地方党政主要负责人经济责任审计范围。

健全地方政府债务管理考核问责机制，对债务管控工作不力、造成重大不良影响的，实行行政问责。

第六节　政府采购

一、政府采购相关主体

规范政府采购行为，提高政府采购效率，对政府采购作出规定。

立法建议如下：

第364条 [政府采购]

各级国家机关、事业单位和团体组织，使用财政性资金采购依法制定的集中采购目录以内的或者采购限额标准以上的货物、工程和服务，属于政府采购。

政府采购当事人包括采购人、供应商、采购代理机构，对此作出规定。

立法建议如下：

第 365 条 ［政府采购当事人运作］

国家机关、事业单位、团体组织，依法进行政府采购。供应商向采购人提供货物、工程或者服务。采购代理机构独立运作，根据采购人的委托办理采购事宜。

政府采购监管部门包括财政部门及其他有关监管部门，分别规定监管职责。

立法建议如下：

第 366 条 ［政府采购监管］

各级人民政府财政部门依法履行对政府采购活动的监督管理职责。各级人民政府其他有关部门依法履行与政府采购活动有关的监督管理职责。

二、采购标准

实施集中采购和分散采购相结合，对两者加以区分，专作规定。
立法建议如下：

第 367 条 ［集中采购和分散采购］

政府采购实行集中采购和分散采购相结合。集中采购的范围由省级以上人民政府公布的集中采购目录确定。

维护国家利益和社会公共利益，政府采购秉承国产原则，但存在除外情形。

立法建议如下：

第 368 条 ［坚持国产原则］

政府采购应当采购本国货物、工程和服务，但是在中国境内无法获取或者无法以合理的商业条件获取、为在中国境外使用而进行采购的除外。

三、采购类型

提高政府采购资金的使用效益，区分中央预算与地方预算，有针对性地对公开招标作出规定。

立法建议如下：

第369条 ［公开招标］

根据中央预算与地方预算的不同情况，公开招标应当规定具体数额标准。不得随意改用公开招标以外的采购方式，不得化整为零或者以其他任何方式规避公开招标采购。

邀请招标有明确的适用情形，必须规范邀请招标的程序，作出相应规定。

立法建议如下：

第370条 ［邀请招标］

从有限范围的供应商处采购，或者采用公开招标方式的费用占比过大的，适用邀请招标模式。

采购人应当从符合相应资格条件的供应商中，通过随机方式选择三家以上的供应商，并向其发出投标邀请书。

竞争性谈判也应有明确的适用情形，就竞争性谈判程序，作出规定。

立法建议如下：

第371条 ［竞争性谈判］

竞争性谈判应当成立谈判小组，制定谈判文件，确定邀请参加谈判的供应商名单，谈判确定成交供应商。

单一来源采购比较特殊，应有明确的适用情形，专作规定。

立法建议如下：

第372条 ［单一来源采购］

实施单一来源采购，供应商应当确保质量安全、价格合理。

明确询价情形，完善采用询价的程序，规定询价制度。

立法建议如下：

第373条 [询 价]

采购的货物规格、标准统一、现货货源充足且价格变化幅度小的政府采购项目，采用询价。

询价方式应当成立询价小组，确定被询价的供应商名单，依法询价，确定成交供应商。

第七节　会　计

一、会计体系

各核算单位都应设立会计机构，设置会计账簿。规范会计机构，促进会计活动有效开展，对会计机构作出规定。

立法建议如下：

第374条 [会计机构]

各单位在主要负责人领导下设置会计机构，或者在有关机构中设置会计人员并指定会计主管人员；不具备设置条件的，应当委托相关中介机构代理记账。

会计人员应当具备会计专业能力，对会计主管人员、总会计师需要有更高的要求，专设会计人员规定。

立法建议如下：

第375条 [会计人员]

国家实行会计专业技术职务资格考试、评聘制度，会计人员应当遵守会计职业道德，具备会计专业知识、业务能力。因与会计职务有关的违法行为被依法追究刑事责任的人员，不得再从事会计工作。

注册会计师应当加入会计师事务所，依法独立、公正执行业务。

二、会计要求

会计要求真实性、准确性、完整性、及时性，设置会计要求的一般条款。
立法建议如下：

第 376 条 ［会计要求］

各单位必须依法设置会计账簿，并保证其真实、准确、完整、及时，不得伪造、篡改会计资料。单位负责人对本单位的会计工作、会计资料、财务会计报告负责。

明确会计核算事项，规范会计核算行为，加强财务管理，设置会计核算制度。
立法建议如下：

第 377 条 ［会计核算］

各单位应当根据实际发生的经济业务事项进行会计核算，填制会计凭证，登记会计账簿，编制财务会计报告。

第十四章

税收法律制度

通常所称财税，主要包括预算和税收。税收是国家财政收入的最主要来源。国家提出，要优化税制结构。故而税法制度设计十分重要。

税收制度，基本素材可见之于《宪法》相关内容，《企业所得税法》《个人所得税法》《契税法》《印花税法》《车船税法》《车辆购置税法》《船舶吨税法》《烟叶税法》《资源税法》《环境保护税法》《耕地占用税法》《城市维护建设税法》《税收征收管理法》等经济法律和《增值税暂行条例》《消费税暂行条例》《进出口关税条例》《房产税暂行条例》《城镇土地使用税暂行条例》《土地增值税暂行条例》等经济法规。

与《经济法典》"总则"税收法律制度总体条文相呼应，现探讨本章的具体制度设计。

第一节 税收法定

2023 年，全国税收收入 181 129 亿元，增长 8.7%。税收法定是现代国家税收制度的基本理念，专设规定。

立法建议如下：

第 378 条 ［税收法定］

税收的开征、停征以及减税、免税、退税、补税，依照法律的规定执行；法律授权国务院规定的，依照国务院制定的行政法规的规定执行。

为规范税务机关运行，加强税务管理，专作规定。

立法建议如下：

第 379 条 [税务机关职能]

国家税务机关主管全国税收征收管理工作。各地税务机关应当按照国务院规定的税收征收管理范围分别进行征收管理。

为调节进出口结构，加强进出口监管，维护进出口秩序，对国家关税税则委员会职能作出规定。

立法建议如下：

第 380 条 [关税税则委员会职能]

国家关税税则委员会负责国家进出口税则工作，决定实施关税措施。

第二节　基本税种

一、税种分类

从征税对象划分，针对商品税、所得税、财产税的不同情形，作出相应规定。

立法建议如下：

第 381 条 [商品税、所得税和财产税]

以商品和劳务为征税对象，推进商品税改革；以所得额为征税对象，合理调节所得税；以各种财产为征税对象，有侧重点地优化财产税配置。

以税负转嫁为标准，划分直接税与间接税，作出具体规定。

立法建议如下：

第 382 条 [直接税与间接税]

健全直接税体系，适当提高直接税比重。优化间接税体系，促进间接税简便、透明、公平。

根据征收权限和收入支配划分，分为中央税、地方税、中央和地方共享税，作出具体规定。

立法建议如下：

第 383 条 ［中央税与地方税］

完善中央与地方分税制，优化中央税设置，健全地方税体系，合理配置中央和地方共享税。

二、具体税类

规范增值税征收行为，区分一般纳税人和小规模纳税人，促进经济协作和产业结构合理，规定增值税制度。

立法建议如下：

第 384 条 ［增值税］

在中国境内销售货物或者加工、修理修配劳务，销售服务、无形资产、不动产以及进口货物的单位和个人，依法缴纳增值税。

支持稳定制造业、巩固产业链供应链，优化增值税设计。

一般纳税人应纳税额＝当期销项税额－当期进项税额；小规模纳税人应纳税额＝销售额×征收率；进口货物应纳税额＝（关税完税价格＋关税＋消费税）×税率。

规范消费税征收行为，引导调节消费行为，规定消费税制度。

立法建议如下：

第 385 条 ［消费税］

在中国境内生产、委托加工和进口法定消费品的单位和个人，以及国务院确定的销售法定消费品的其他单位和个人，依法缴纳消费税。

消费税税目包括烟、酒及酒精、化妆品、贵重首饰及珠宝玉石、鞭炮和焰火、成品油、汽车轮胎、摩托车、小汽车、高尔夫球及球具、高档手表、游艇、木制一次性筷子、实木地板等。调整优化消费税征收范围和税率，推进征收环节后移并下划地方。

消费税应纳税额包括实行从价定率、从量定额、复合计税等方法计算。

规范关税征收行为，引导进出口贸易发展，规定关税制度。

立法建议如下：

第386条 ［关　税］

进口货物的收货人、出口货物的发货人、进境物品的所有人，依法缴纳关税。

关税适用最惠国税率、协定税率、特惠税率、普通税率等不同情况。

关税征收方式包括从价计征与从量计征。

规范企业所得税征收行为，区分居民企业与非居民企业，提高企业自主创新能力，规定企业所得税制度。

立法建议如下：

第387条 ［企业所得税］

居民企业应当就其来源于中国境内、境外的所得缴纳企业所得税。非居民企业在中国境内设立机构、场所的，应当就其所设机构、场所取得的来源于中国境内的所得，以及发生在中国境外但与其所设机构、场所有实际联系的所得，缴纳企业所得税。非居民企业在中国境内未设立机构、场所的，或者虽设立机构、场所但取得的所得与其所设机构、场所没有实际联系的，应当就其来源于中国境内的所得缴纳企业所得税。

企业每一纳税年度的收入总额，减除不征税收入、免税收入、各项扣除以及允许弥补的以前年度亏损后的余额，为应纳税所得额。

规范个人所得税征收行为，调节收入分配，规定个人所得税制度。

立法建议如下：

第388条 ［个人所得税］

居民个人从中国境内和境外取得的所得，缴纳个人所得税。非居民个人从中国境内取得的所得，缴纳个人所得税。

个人所得包括：工资、薪金所得；劳务报酬所得；稿酬所得；特许权使用费所得；经营所得；利息、股息、红利所得；财产租赁所得；财产转让所得；偶然所得。

税率分为超额累进税率和比例税率。

完善个人所得税制度，推进扩大综合征收范围，优化税率结构。

加强房产管理，规范房产市场秩序，规定房产税制度。

立法建议如下：

第 389 条 [房产税]

产权所有人、经营管理单位、承典人、房产代管人或者使用人，依法缴纳房产税。税率依照房产余值或房产租金收入计算缴纳。

保障不动产产权人的合法权益，加强对房产交易的管理，规定契税制度。

立法建议如下：

第 390 条 [契税]

在中国境内转移土地、房屋权属，承受的单位和个人，依法缴纳契税。

管理交易行为，降低交易风险，促进经济活动规范化，规定印花税制度。

立法建议如下：

第 391 条 [印花税]

在中国境内书立应税凭证、进行证券交易的单位和个人，在境外书立在境内使用的应税凭证的单位和个人，依法缴纳印花税。

加强车船管理，保护环境，促进公共交通发展，规定车船税制度。

立法建议如下：

第 392 条 [车船税]

在中国境内属于法定车辆、船舶的所有人或者管理人，依法缴纳车船税。车船税的税目，分为乘用车、商用车、挂车、其他车辆、摩托车、船舶。

调节收入差距，促进公共基础设施建设，规定车辆购置税制度。

立法建议如下：

第 393 条 ［车辆购置税］

在中国境内购置汽车、有轨电车、汽车挂车、排气量超标摩托车的单位和个人，依法缴纳车辆购置税。

购置已征车辆购置税的车辆，不再征收车辆购置税。

保障航行安全，降低环境污染，促进船舶行业发展，规定船舶吨税制度。

立法建议如下：

第 394 条 ［船舶吨税］

船舶吨税的应税船舶，为自境外港口进入境内港口的船舶。

船舶吨税以净吨为界限来划分不同税目。

船舶吨税设置优惠税率和普通税率。

引导烟叶生产和销售，调节烟叶市场，保障人民健康，规定烟叶税制度。

立法建议如下：

第 395 条 ［烟叶税］

在中国境内依法收购烟叶的单位，缴纳烟叶税。

烟叶包括烤烟叶、晾晒烟叶。

烟叶税的应纳税额按照纳税人收购烟叶实际支付的价款总额乘以税率计算。

保护和合理利用自然资源，合理调节资源级差收入，推动产业结构优化，设立资源税制度。

立法建议如下：

第 396 条 ［资源税］

在中国领域和中国管辖的其他海域开发应税资源的单位和个人，依法缴纳资源税。

资源税的税目包括能源矿产、金属矿产、非金属矿产、水气矿产、盐。
资源税实行从价计征或者从量计征。

加强环境治理，促进清洁生产，设立环境保护税制度。
立法建议如下：

第 397 条 ［环境保护税］

在中国领域和中国管辖的其他海域，直接向环境排放应税污染物的企业事业单位和其他生产经营者，依法缴纳环境保护税。
环境保护税的应税污染物包括大气污染物、水污染物、固体废物、噪声。
应税大气、水污染物按照污染物排放量折合的污染当量数确定，应税固体废物按照固体废物的排放量确定，应税噪声按照超标的分贝数确定。

合理利用城镇土地，提高土地使用效益，设立城镇土地使用税制度。
立法建议如下：

第 398 条 ［城镇土地使用税］

在城市、县城、建制镇、工矿区范围内使用土地的单位和个人，依法缴纳城镇土地使用税。
城镇土地使用税以纳税人实际占用的土地面积为计税依据。

规范土地管理秩序，促进国家土地资源的合理分配，引导房地产业健康发展，设立土地增值税制度。
立法建议如下：

第 399 条 ［土地增值税］

转让国有土地使用权、地上的建筑物及其附着物并取得收入的单位和个人，依法缴纳土地增值税。
转让房地产所取得的收入，包括货币收入、实物收入和其他收入。

加强耕地保护，促进农业发展，改善农民生活，设立耕地占用税制度。
立法建议如下：

第400条 ［耕地占用税］

在中国境内占用耕地建设建筑物、构筑物或者从事非农业建设的单位和个人，依法缴纳耕地占用税。

耕地占用税以纳税人实际占用的耕地面积为计税依据。

耕地占用税的应纳税额为纳税人实际占用的耕地面积（平方米）乘以适用税额。

促进城市基础设施建设，加强城市管理和维护，规定城市维护建设税制度。

立法建议如下：

第401条 ［城市维护建设税］

在中国境内缴纳增值税、消费税的单位和个人，为城市维护建设税的纳税人。

城市维护建设税以纳税人依法实际缴纳的增值税、消费税税额为计税依据。

城市维护建设税的税率按照纳税人所在地在市区、县城、镇等进行区分。

第三节　税收优惠

一、免征情形

对基础产业、公共服务、环保节能、自然灾害、社会保障等特定情形，实行相应税收的免征措施，从而有效调节，减轻市场主体负担，引导生产、经营、消费行为。

立法建议如下：

第402条 ［免征情形］

按照税收法律、行政法规规定，为对纳税人、征税对象鼓励或特殊照顾，实行税收免征措施。

二、减征情形

对确需征税又不宜全额征收的情形，采取特定的减征措施，在法定范围内调节税收。

立法建议如下：

第403条［减征情形］

按照税收法律、行政法规规定，为合理引导生产、经营、消费行为，实行税收减征措施。

第四节 税收征收管理

一、税务登记

在领取营业执照的同时，要办理税务登记，加强税收征收管理。
立法建议如下：

第404条［税务登记］

从事生产、经营的纳税人自领取营业执照之日起三十日内，持有关证件，向税务机关申报办理税务登记。

在税务登记之后，可能出现税务登记变更或者注销情形，专作规定。
立法建议如下：

第405条［变更或者注销税务登记］

从事生产、经营的纳税人，税务登记内容发生变化的，自市场监督管理机关办理变更登记之日起三十日内或者在向市场监督管理机关申请办理注销登记之前，持有关证件向税务机关申报办理变更或者注销税务登记。

二、纳税申报

为促进纳税人或扣缴义务人申报纳税，设置纳税申报的一般条款。
立法建议如下：

第406条 [正常纳税申报]

纳税人依法如实办理纳税申报。扣缴义务人依法如实报送代扣代缴、代收代缴资料。

针对延期申报纳税情形，规定延期申报。
立法建议如下：

第407条 [延期纳税申报]

纳税人、扣缴义务人不能按期办理纳税申报或者报送代扣代缴、代收代缴税款报告表的，经税务机关核准，可以延期申报。

三、税款征收

除了纳税人自行纳税之外，为督促履行扣缴义务人的代扣、代收税款义务，规定代扣、代收税款制度。
立法建议如下：

第408条 [代扣、代收税款]

扣缴义务人依照法律、行政法规的规定，履行代扣、代收税款的义务。

针对延期缴纳税款的特殊情形，规定延期缴纳税款制度。
立法建议如下：

第409条 [延期缴纳税款]

纳税人因有特殊困难，不能按期缴纳税款的，经税务机关批准，可以延期缴纳税款，但是最长不得超过三个月。

针对纳税人明显的转移、隐匿行为，规定税收保全措施。

立法建议如下：

第410条 [税收保全]

税务机关可以采取下列税收保全措施：

（一）书面通知金融机构冻结存款；

（二）扣押、查封相关商品、货物或者其他财产。

责令限期缴纳税款，逾期仍未缴纳的，设立强制执行措施。

立法建议如下：

第411条 [强制执行措施]

税务机关可以采取下列强制执行措施：

（一）书面通知金融机构从存款中扣缴税款；

（二）扣押、查封、依法拍卖或者变卖相关商品、货物或者其他财产，以拍卖或者变卖所得抵缴税款。

税款与民事权利之间有序位差别，税款与罚款、没收违法所得之间也有序位差别，对优先序位作出规定。

立法建议如下：

第412条 [征收中的优先序位]

税务机关征收税款，税收优先于无担保债权，法律另有规定的除外；纳税人欠缴的税款发生在纳税人以其财产设定抵押、质押或者纳税人的财产被留置之前的，税收应当先于抵押权、质权、留置权执行。

纳税人欠缴税款，同时又被行政机关决定处以罚款、没收违法所得的，税收优先于罚款、没收违法所得。

确保税务机关行使代位权、撤销权，有效保障税款征收，规定代位权、撤销权制度。

立法建议如下：

第 413 条 [征收中的代位权、撤销权]

欠缴税款的纳税人因怠于行使到期债权，或者放弃到期债权，或者无偿转让财产，或者以明显不合理的低价转让财产而受让人知道该情形，对国家税收造成损害的，税务机关可以依法行使代位权、撤销权。

第十五章

货币金融法律制度

金融是现代经济的血脉和支撑，故设置本章制度十分重要。

党的二十大要求，健全宏观经济治理体系，必须加强财政政策和货币政策协调配合。2023 年 10 月中央金融工作会议提出，走中国特色金融发展之路。

货币金融制度，基本素材可见之于《宪法》相关内容，《中国人民银行法》《银行业监督管理法》《商业银行法》《证券法》《证券投资基金法》《期货和衍生品法》《保险法》《信托法》《票据法》《反洗钱法》等经济法律和《人民币管理条例》《外汇管理条例》等经济法规。

与《经济法典》"总则"货币金融法律制度总体条文相呼应，现探讨本章的具体制度设计。

第一节 货币政策调控

一、现代金融体系

习近平同志强调提出，走中国特色金融发展之路，必须：第一，坚持党中央对金融工作的集中统一领导；第二，坚持以人民为中心的价值取向；第三，坚持把金融服务实体经济作为根本宗旨；第四，坚持把防控风险作为金融工作的永恒主题；第五，坚持在市场化法治化轨道上推进金融创新发展；第六，坚持深化金融供给侧结构性改革；第七，坚持统筹金融开放和安全；

第八，坚持稳中求进工作总基调。[1]鉴于金融调控、金融监管、金融运行之间的逻辑联系，专设规定提升为金融体系。

立法建议如下：

第 414 条 [金融体系]

金融调控、金融监管、金融运行三位一体，组成现代金融体系。

二、货币政策调控

推行稳健的货币政策，维护金融秩序，规定实施稳健的货币政策。

立法建议如下：

第 415 条 [货币政策调控]

货币政策目标是保持货币币值的稳定，并以此促进经济增长。

健全货币政策和宏观审慎政策双支柱调控框架，完善金融法治，建设金融强国。

三、中国人民银行的调控职能

准确定位央行（即中国人民银行），有效履行调控职能，对央行地位作出规定。

立法建议如下：

第 416 条 [中央银行职能]

中国人民银行是中央银行，在国务院领导下制定和执行货币政策，防范和化解金融风险，维护金融稳定。

统筹推进中国人民银行分支机构改革，对央行分支机构的设立作出规定。

立法建议如下：

---

〔1〕 习近平：《在省部级主要领导干部推动金融高质量发展专题研讨班上的讲话》，载中共中央党史和文献研究院编：《习近平关于金融工作论述摘编》，中央文献出版社 2024 年版，第 14~16 页。

第 417 条 [中央银行分支机构的设立]

设置中国人民银行分支机构，设立省级分行、计划单列市分行。

规范货币发行，明确货币发行的原则、依据，保持流动性合理充裕，规定货币发行制度。

立法建议如下：

第 418 条 [货币发行]

货币发行坚持集中统一，保持货币供应量同经济增速基本匹配，维护货币信誉，引导金融机构加大对重点领域和薄弱环节支持力度。

构建多元化的货币政策工具，有效实施货币政策，对货币政策工具作出规定。

立法建议如下：

第 419 条 [货币政策工具]

合理使用存款准备金、基准利率、再贴现、贷款、公开市场买卖等货币政策工具。

坚持市场化导向，完善央行政策利率体系，发挥利率基准作用，规定基准利率制度。

立法建议如下：

第 420 条 [基准利率]

完善基准利率制度，健全市场化利率形成和传导机制。

四、存款保险

有效实施存款保险，保障存款安全，维护金融秩序，规定存款保险制度。

立法建议如下：

第421条 [存款保险]

实施存款保险制度，在最高偿付限额以内的，实行全额偿付；超出最高偿付限额的部分，从投保机构清算财产中受偿。

存款保险基金可存放在中国人民银行，也可投资政府债券、中央银行票据、信用等级较高的金融债券以及其他高等级债券。

存款保险费率分为基准费率和风险差别费率。

第二节　人民币

一、人民币法定地位

明确定位人民币，提高人民币信誉，规定人民币法定地位。

立法建议如下：

第422条 [人民币法定地位]

人民币是国家法定货币，包括纸币和硬币。

二、人民币发行流通

规范人民币发行，加强人民币管理，维护金融秩序，设立人民币发行制度。

立法建议如下：

第423条 [人民币发行]

人民币由中国人民银行统一发行，完善货币发行调控机制。

中国人民银行发行新版人民币，应当将发行时间、面额、图案、式样、规格予以公告。

规范人民币印制，加强人民币管理，保障国家货币政策的执行，设立人民币印制制度。

立法建议如下：

第 424 条 [人民币印制]

人民币由中国人民银行组织设计，报国务院批准。人民币由中国人民银行指定的专门企业印制。

规范人民币流通，严惩人民币使用中的各种违法行为，维护金融秩序，设立人民币流通制度。

立法建议如下：

第 425 条 [人民币流通]

以人民币支付中国境内的一切公共的和私人的债务，任何单位和个人不得拒收。

任何单位和个人不得印制、发售代币票券，以代替人民币在市场上流通。

加强人民币保护，禁止损害人民币的行为，设立人民币保护制度。

立法建议如下：

第 426 条 [人民币保护]

禁止损害人民币的行为。

残缺、污损的人民币，按照规定兑换，并由中国人民银行负责收回、销毁。

在人民币国际化的问题上，我国的态度是：第一，积极有为，扎实推进；第二，顺势而为，水到渠成。稳慎推进人民币国际化，构建新型金融合作关系，提高人民币的国际影响力，构建人民币国际化制度。

立法建议如下：

第 427 条 [人民币国际化]

稳慎推进人民币国际化，加强人民币跨境支付系统建设，构建以人民币自由使用为基础的新型金融交流合作关系。

三、数字货币

为促进数字货币流通，大力拓展应用场景，防范金融风险，设定数字货币制度。

立法建议如下：

第428条 [数字货币]

数字货币，是指由中国人民银行发行的数字形式的法定货币，与纸钞、硬币等价。

数字货币由指定运营机构参与运营并向公众兑换。应当示范推广，健全数字货币业务流程、操作规范、内部控制制度，提高事前风险感知、事中风险识别管控、事后风险排查处置等能力。完善数字货币数据管理机制、衍生风险监测机制，研判、打击新型金融犯罪。

第三节 金融监管之一：统一监管

一、金融监管框架

中共中央、国务院印发《党和国家机构改革方案》（2023年），决定成立中央金融委员会，组建国家金融监督管理总局。为优化中央金融监管，完善国家金融监督管理总局、中国证券监督管理委员会的职责，规定中央金融监管框架。

立法建议如下：

第429条 [中央金融监管框架]

国家金融监督管理机构统一负责除证券业之外的金融业监管，统筹负责金融消费者权益保护、金融集团监管、金融投资者保护。

国家证券监督管理机构履行资本市场监管职责。

优化地方金融监管框架，健全金融监管体制，健全地方金融监管框架。

立法建议如下：

第430条 ［地方金融监管框架］

建立以中央金融监督管理机构地方派出机构为主的地方金融监管体制，统筹优化地方派出机构设置。地方政府设立的金融监督管理机构，专司地方金融监管职责。

二、金融监管机制

《中共中央、国务院关于完善国有金融资本管理的指导意见》（2018年）要求强化国有金融资本管理。为加强国有金融资本管理，规范国有金融资本受托管理机构运行，健全国有金融资本管理体制。

立法建议如下：

第431条 ［国有金融资本管理体制］

国有金融资本受托管理机构根据国务院授权，统一履行出资人职责。

应用金融监管科技，拓展非现场监管场景，加强对金融违法犯罪活动的监测预警，对金融监管科技作出规定。

立法建议如下：

第432条 ［金融监管科技］

拓展非现场监管场景大数据应用，推动地方金融组织经营数据全面、及时、准确录入上线。

利用现代金融监管科技加强对非法集资、洗钱、金融欺诈活动的监测预警。加强移动客户端金融软件安全管理，推动金融软件备案全覆盖。

三、反洗钱

为预防洗钱活动，遏制洗钱犯罪及相关犯罪，对反洗钱作出规定。

立法建议如下：

第433条 [反洗钱]

为了预防通过各种方式掩饰、隐瞒特定犯罪所得及其收益的来源和性质的洗钱活动，依法采取反洗钱措施。

预防洗钱活动，维护金融秩序，对反洗钱类型作出规定。
立法建议如下：

第434条 [反洗钱类型]

依法规制毒品犯罪、黑社会性质的组织犯罪、恐怖活动犯罪、走私犯罪、贪污贿赂犯罪、破坏金融管理秩序犯罪、金融诈骗犯罪等洗钱活动。

加强反洗钱工作，维护金融秩序，健全反洗钱监管体制。
立法建议如下：

第435条 [反洗钱监管体制]

国家反洗钱行政部门组织、协调全国的反洗钱工作。国家反洗钱行政部门的派出机构在授权范围内，对金融机构履行反洗钱义务的情况进行监督、检查。

国家有关金融监督管理机构参与反洗钱相关职责。

反洗钱行政部门和其他依法负有反洗钱监督管理职责的部门、机构发现涉嫌洗钱犯罪的交易活动，应当及时向侦查机关报告。

督促金融机构履行反洗钱义务，共同维护金融秩序，对金融机构的反洗钱义务作出规定。
立法建议如下：

第436条 [金融机构反洗钱义务]

金融机构应当设立反洗钱专门机构或者指定内设机构负责反洗钱工作。

健全客户身份识别制度。对客户、代理人和被代理人、受益人的身份证件或者其他身份证明文件进行核对并登记，完善客户身份资料和交易记录保存制度。

健全大额交易和可疑交易报告制度。金融机构办理的单笔交易或者在规定期限内的累计交易超过规定金额或者发现可疑交易的，应当及时向反洗钱信息中心报告。

依法采取反洗钱调查措施，惩治洗钱违法犯罪行为，规定反洗钱调查制度。

立法建议如下：

第437条〔反洗钱调查〕

对可疑交易活动需要调查核实的，可以向金融机构进行调查，金融机构应当予以配合。

经批准，可以查阅、复制被调查对象的账户信息、交易记录和其他有关资料；对可能被转移、隐藏、篡改或者毁损的文件、资料，可以予以封存。

客户要求将调查所涉及的账户资金转往境外的，经批准可以采取临时冻结措施。不符合继续冻结条件的，在临时冻结期限到来时应当立即解除冻结。

加强反洗钱国际合作，形成反洗钱的国际合力，规定反洗钱国际合作制度。

立法建议如下：

第438条〔反洗钱国际合作〕

与外国政府和有关国际组织开展反洗钱合作，依法与境外反洗钱机构交换与反洗钱有关的信息和资料。

涉及追究洗钱犯罪的司法协助，由司法机关依法办理。

第四节　金融监管之二：分业监管

一、商业银行监管

商业银行是最基本的金融机构。针对商业银行的设立要求，规定商业银行设立监管制度。

立法建议如下：

第439条 ［商业银行设立监管］

设立商业银行，应当经国家金融监督管理机构审查批准。经批准设立的商业银行，由国家金融监督管理机构颁发经营许可证，并凭该许可证向市场监督管理机构办理登记，领取营业执照。

设立分支机构必须经国家金融监督管理机构审查批准。

促进商业银行的业务经营，规范商业银行经营行为，规定商业银行业务监管制度。

立法建议如下：

第440条 ［商业银行业务监管］

国家金融监督管理机构有权依法对商业银行的存款、贷款、结算、呆账等情况进行检查监督。商业银行应当按照国家金融监督管理机构的要求，提供财务会计资料、业务合同和有关经营管理方面的其他信息。

中国人民银行有权依法对商业银行进行检查监督。

加强风险监管，防范金融风险，保障商业银行稳健运行，规定商业银行风险监管制度。

立法建议如下：

第441条 ［商业银行风险监管］

加强资产负债比例管理，明确流动性资产余额与流动性负债余额的比例、对同一借款人的贷款余额与商业银行资本余额的比例。

商业银行不得向关系人发放信用贷款，向关系人发放担保贷款的条件不得优于其他借款人同类贷款的条件。

商业银行不得从事信托投资和证券经营业务，不得向非自用不动产投资或者向非银行金融机构和企业投资，但国务院另有规定的除外。

规范商业银行的变更事项，保障商业银行的稳健运行，规定商业银行变更监管制度。

立法建议如下：

第 442 条［商业银行变更监管］

商业银行有变更名称、变更注册资本、变更总行或者分支行所在地、调整业务范围、变更持有资本总额或者股份总额百分之五以上的股东、修改章程等变更事项的，应当经国家金融监督管理机构批准。

更换董事、高级管理人员时，应当报经国家金融监督管理机构审查其任职资格。

商业银行的分立、合并，应当经国家金融监督管理机构审查批准。

适应对外开放需要，规范外资银行运行，对外资银行规定特别的监管措施。

立法建议如下：

第 443 条［外资银行监管］

外资银行包括外商独资银行、中外合资银行、外国银行分行、外国银行代表处。

设立外资银行及其分支机构，应当经国家金融监督管理机构审查批准。国家金融监督管理机构可以依法对外资银行采取责令暂停部分业务、责令撤换高级管理人员等特别监管措施。

规范商业银行退出行为，保护商业银行、存款人和其他客户的合法权益，维护金融秩序，规定商业银行退出监管制度。

立法建议如下：

第 444 条［商业银行退出监管］

商业银行在解散、被撤销、被宣告破产情形下终止。商业银行不能支付到期债务，经国家金融监督管理机构同意，由人民法院依法宣告其破产。

二、信托监管

规范信托行为，加强信托监管，维护信托市场秩序，规定信托监管制度。

立法建议如下：

第 445 条 ［信托监管］

国家金融监督管理机构依法对全国信托市场实行集中统一监督管理。

加强信托公司监管评级与分级分类监管，完善信托运营监管体系。

三、证券监管

规范股票发行和交易，加强股票监管，维护股票市场秩序，规定股票监管制度。

立法建议如下：

第 446 条 ［股票监管］

国家证券监督管理机构依法对全国股票市场实行集中统一监督管理；根据需要可以设立派出机构，按照授权履行监管职责。

实行股票发行注册制。股票在证券交易所上市交易，应当采用公开的集中交易方式或者国家证券监督管理机构批准的其他方式。

设立证券公司，应当具备法定条件，并经国家证券监督管理机构批准。

规范企业债券发行、交易，加强企业债券监管，维护债券市场秩序，规定企业债券监管制度。

立法建议如下：

第 447 条 ［企业债券监管］

全国企业债券发行的年度规模和规模内的各项指标，报国务院批准。

企业发行企业债券必须依法进行审批。企业发行企业债券所筹资金应当按照审批机关批准的用途，用于本企业的生产经营。

中国人民银行和国家证券监督管理机构依法对企业债券的发行和交易活动，进行监督管理。

规范证券投资基金发行，加强证券投资基金监管，维护基金市场秩序，规定证券投资基金监管制度。

立法建议如下：

第448条［证券投资基金监管］

国家证券监督管理机构依法对证券投资基金活动实施监督管理；其派出机构依照授权履行职责。

设立管理公开募集基金的基金管理公司，应当具备法定条件，并经国家证券监督管理机构批准。

规范期货行为，加强期货监管，维护期货市场秩序，规定期货监管制度。立法建议如下：

第449条［期货监管］

国家证券监督管理机构依法对全国期货市场实行集中统一监督管理。

期货交易应当在依法设立的期货交易所或者国家证券监督管理机构依法批准的其他期货交易场所，采用公开的集中交易方式或者国家证券监督管理机构批准的其他方式进行。

设立期货公司，应当具备法定条件，并经国家证券监督管理机构核准。

四、保险监管

规范保险行为，加强保险监管，维护保险市场秩序，规定保险监管制度。立法建议如下：

第450条［保险监管］

国家金融监督管理机构依法对保险业实施监督管理。国家金融监督管理机构根据履行职责的需要设立派出机构。派出机构按照国家金融监督管理机构的授权履行监督管理职责。

国家金融监督管理机构应当健全保险公司偿付能力监管体系，对保险公司的偿付能力实施监控。对偿付能力不足的保险公司，国家金融监督管理机构应当将其列为重点监管对象。

第五节　金融运行：金融服务实体经济

一、金融回归本位

习近平同志指出："金融和实体经济是共生共荣的关系。实体经济是金融的根基，金融是实体经济的血脉，为实体经济服务是金融的天职，是金融的宗旨，也是防范金融风险的根本举措。"〔1〕他要求"加强金融法治建设"。〔2〕2023 年年末，全国对实体经济发放的人民币贷款余额增长 10.4%。金融的本职在于为实体经济服务，为此设置金融有效支持实体经济的制度安排。

立法建议如下：

第 451 条〔金融为实体经济服务〕

金融要回归本位，专注主业，服务实体经济，满足国民经济和社会发展需要。金融企业要改变不顾风险而片面追求规模和利润的倾向。

健全具有高度适应性、竞争力、普惠性的现代金融体系，构建金融有效支持实体经济的体制机制。控制企业经济杠杆率，稳定宏观杠杆率。

二、政策性金融与商业性金融、合作性金融的分工和互补

正确定位政策性金融，依托国家信用，围绕国家战略，发挥政策性金融服务在国民经济发展中的保障作用。

立法建议如下：

第 452 条〔政策性金融服务〕

政策性金融重点支持国家开发、农业发展、进出口等领域，根据确定的服务领域和经营范围开展政策性业务和自营性业务。健全适合政策性金融服

〔1〕 习近平：《服务实体经济，防范金融风险》，载《习近平著作选读》（第 1 卷），人民出版社 2023 年版，第 614 页。
〔2〕 习近平：《正确认识和把握我国发展重大理论和实践问题》，载《习近平著作选读》（第 2 卷），人民出版社 2023 年版，第 579 页。

务的全面风险管理体系。

商业性金融以营利为目的，体现商业运营特征，促进商业性金融服务。
立法建议如下：

第 453 条 ［商业性金融服务］

商业性金融以营利为目的，加强商业性金融的存贷款服务、信用卡服务，健全金融服务手续费制度。

合作性金融与商业性金融、政策性金融，实行良好分工、优势互补，对合作性金融服务专作规定。
立法建议如下：

第 454 条 ［合作性金融服务］

推进合作性金融，建立互助、灵活、高效、便捷的合作信用机制，服务合作成员，发展本地经济。

三、互联网金融

发挥互联网与金融的组合优势，创新互联网金融发展模式，专门规定互联网金融制度。
立法建议如下：

第 455 条 ［互联网金融］

利用互联网技术实现资金融通、支付、投资和信息中介服务，促进互联网与金融深度融合。

发展互联网支付、网络借贷、股权众筹融资、互联网基金销售、互联网保险、互联网信托、互联网消费金融。

第六节　外汇管理和国际收支平衡

一、外汇管理

积极推动汇率市场化改革，依法调节外汇市场，规定汇率基本制度。
立法建议如下：

第 456 条〔汇率基本制度〕

人民币汇率实行以市场供求为基础的、有管理的浮动汇率制度。推动汇率市场化。

国家外汇管理部门可以根据外汇市场的变化和货币政策的要求，依法对外汇市场进行调节。

加强外汇管理，促进国际收支平衡，对经常项目外汇管理作出规定。
立法建议如下：

第 457 条〔经常项目外汇管理〕

经常项目外汇收支应当具有真实、合法的交易基础。经营结汇、售汇业务的金融机构应当对交易单证的真实性及其与外汇收支的一致性进行合理审查。

经常项目外汇收入，可以保留或者卖给经营结汇、售汇业务的金融机构。

经常项目外汇支出，应当凭有效单证以自有外汇支付或者向经营结汇、售汇业务的金融机构购汇支付。

与经常项目外汇管理相配套，规定资本项目外汇管理制度。
立法建议如下：

第 458 条〔资本项目外汇管理〕

跨境直接投资、从事有价证券或者衍生产品发行、交易，应当办理登记。
国家对外债实行规模管理，借用外债应当办理外债登记。

提供对外担保，应当向外汇管理机关提出申请，由外汇管理机关作出批准或者不批准的决定。

向境外提供商业贷款，应当办理登记。

二、国际收支平衡

国际收支状况关系到国家稳定，关系到国家在全球经济体系中的格局。2023 年国际收支基本平衡；2024 年预期保持基本平衡。与《经济法典》"总则"第 1 条"国际收支平衡"目标相对应，必须强调对外开放中金融政策的地位和作用。

立法建议如下：

第 459 条 ［国际收支平衡］

国家实行有效的外贸、外资和外汇的政策措施。

国家加强国际收支监测，控制国际收支失衡，保持外汇储备稳定，保障实现国际收支平衡调控目标。

为加强国际收支统计，促进国际收支平衡，规定国际收支统计申报制度。

立法建议如下：

第 460 条 ［国际收支统计申报］

国际收支统计申报实行由交易主体申报的原则，采取间接申报与直接申报、逐笔申报与定期申报相结合的办法。

国家外汇管理部门有权对申报内容进行检查、核对，负责对国际收支进行统计、监测，定期公布国际收支状况。

第十六章

国有资产资源管理利用法律制度

国有资产资源是实现"中国式现代化"最重要的物质条件。为此，国家提出要完善各类国有资产管理体制。《经济法典》中对此作出设计大有必要。

国有资产资源管理利用制度，基本素材可见之于《宪法》相关内容和《企业国有资产法》《土地管理法》《防沙治沙法》《矿产资源法》《水法》《水土保持法》《防洪法》《森林法》《草原法》《野生动物保护法》《动物防疫法》《湿地保护法》《海域使用管理法》《深海海底区域资源勘探开发法》《节约能源法》《煤炭法》《石油天然气管道保护法》《可再生能源法》《核安全法》。

特别注意，自然资源、能源资源的所有权问题，民法典中已作规定；本章只涉及国有资源的管理利用问题，即所有权如何实现。

与《经济法典》"总则"国有资产资源法律制度总体条文相呼应，现探讨本章的具体制度设计。

第一节 经营性国有资产管理利用

一、资产定位

发挥国有经济在国民经济中的主导作用，推进经营性国有资产的管理利用，对经营性国有资产作出规定。

立法建议如下：

第 461 条 [经营性国有资产]

经营性国有资产，是指依法确认为国家所有，用于经营性活动的资产。

推进经营性国有资产集中统一监管，有效利用国家出资企业资产、中央国企资产、地方国企资产、国家金融资产、国家交通运输资产。

二、资产管理利用

加强经营性国有资产管理利用，完善国家出资企业资产管理监督体制，作出规定。

立法建议如下：

第462条［国家出资企业资产管理监督体制］

国家出资企业从事经营活动，应当加强经营管理，提高经济效益，接受人民政府及其有关部门、机构依法实施的管理和监督，接受社会公众的监督，承担社会责任，对出资人负责。

国家出资企业应当依法建立和完善法人治理结构，健全内部监督管理和风险控制制度。

加强国有资产保护，对关系国家出资企业资产权益重大事项的决定、批准，作出规定。

立法建议如下：

第463条［关系国家出资企业资产权益重大事项］

国有独资企业、国有独资公司合并、分立，增加或者减少注册资本，发行债券，分配利润，以及解散、申请破产，由履行出资人职责的机构决定。

国有资本控股公司、国有资本参股公司有本条第一款所列事项的，依照法律、行政法规以及公司章程的规定，由公司股东会、股东大会或者董事会决定。

重要的国有独资企业、国有独资公司、国有资本控股公司的合并、分立、解散、申请破产以及应当报经本级人民政府批准的重大事项，履行出资人职责的机构应当报请本级人民政府批准。

加强国有资产监督，切实防止国有资产流失，规定国有资产监督制度。

立法建议如下：

第464条 [国有资产监督]

国家健全与社会主义市场经济发展要求相适应的国有资产监督体制，完善经营性国有资产保值增值考核和责任追究制度。健全协同高效的监督机制，优化管资本方式，实行清单管理制度，开展分类授权放权，加强事中事后监管，防止经营性国有资产流失。

第二节　非经营性国有资产管理利用

一、资产定位

推进非经营性国有资产的管理利用，对非经营性国有资产作出规定。
立法建议如下：

第465条 [非经营性国有资产]

非经营性国有资产，是指依法确认为国家所有，用于非经营性活动的资产。

有效利用国家出资学校资产、国家出资医院资产、国家出资社会服务机构资产、国家提供基本公共服务资产、向非经营性国有机构的社会捐款。

二、资产管理利用

规范对行政事业性国有资产的管理利用，加强行政事业性国有资产保护，作出规定。
立法建议如下：

第466条 [行政事业性国有资产管理利用]

行政事业性国有资产属于国家所有，实行政府分级监管、各部门及其所属单位直接支配的管理体制。

各部门及其所属单位应当合理选择调剂、购置、租用、建设、接受捐赠、出租、出售等资产配置方式。

第三节　国有自然资源管理利用

一、传统自然资源管理利用

国家将每年的 6 月 25 日定为"全国土地日"。在自然资源方面，首先要优化土地权属配置，保护、开发土地资源，加强土地管理，增强土地要素对高质量发展的保障能力，规定土地资源管理利用制度。

立法建议如下：

第 467 条［土地资源管理利用］

国家坚持十分珍惜、合理利用土地和切实保护耕地基本国策。

一切使用土地的组织和个人必须合理地利用土地。加强土地节约集约利用，支持土地复合利用、立体开发。

优化矿产资源权属配置，提高矿产资源开发保护水平，加强矿产资源管理，发展矿业，规定矿产资源管理利用制度。

立法建议如下：

第 468 条［矿产资源管理利用］

国务院行使国家对矿产资源的所有权。提高矿产资源开发保护水平，发展绿色矿业。

勘查、开采矿产资源，必须依法分别申请、经批准取得探矿权、采矿权，并办理登记。禁止任何组织或者个人用任何手段侵占或者破坏矿产资源。

合理开发水资源，加强水资源刚性约束，实现可持续利用，规定水资源管理利用制度。

立法建议如下：

第 469 条 ［水资源管理利用］

查明水资源的自然状况、权属状况，建立水资源刚性约束制度，强化节水增效、节水减排。

现在，每年的 3 月 21 日为世界森林日。优化森林资源权属配置，保护、培育和合理利用森林资源，加强森林资源管理，规定森林资源管理利用制度。

立法建议如下：

第 470 条 ［森林资源管理利用］

国家所有的森林资源的所有权由国务院代表国家行使。国务院可以授权国家自然资源主管部门统一履行国有森林资源所有者职责。

国家所有的林地和林地上的森林、林木可以依法确定给林业经营者使用，林业经营者依法取得相关使用权，经批准可以转让、出租、作价出资等。

优化草原资源权属配置，保护、建设和合理利用草原，发展现代畜牧业，规定草原资源管理利用制度。

立法建议如下：

第 471 条 ［草原资源管理利用］

国家所有的草原，由国务院代表国家行使所有权。

国家所有的草原，可以依法确定给全民所有制单位、集体经济组织等使用。

优化野生动植物资源权属配置，加强野生动植物资源管理利用，维护生物多样性和生态平衡，规定野生动植物资源管理利用制度。

立法建议如下：

第 472 条 ［野生动植物资源管理利用］

严格保护和科学利用野生动植物资源。野生动植物分为国家重点保护野生动植物和地方重点保护野生动植物。国家重点保护野生动植物分为国家一级保护野生动植物和国家二级保护野生动植物。

二、新型自然资源管理利用

保持自然生态系统的完整性，构建国家公园发展新格局，规定国家公园管理利用制度。

立法建议如下：

第 473 条 ［国家公园管理利用］

国家公园范围内全民所有自然资源资产所有权由中央人民政府直接行使或者委托省级人民政府代理行使。

国家公园实行整体保护、分区管控和差别化管理。

优化湿地资源权属配置，加强湿地保护，维护湿地生态功能及生物多样性，规定湿地资源管理利用制度。

立法建议如下：

第 474 条 ［湿地资源管理利用］

湿地分为重要湿地和一般湿地。重要湿地包括国家重要湿地和省级重要湿地，重要湿地以外的湿地为一般湿地。

国家建立湿地资源调查评价、湿地面积总量管控、湿地生态保护补偿制度。坚持自然恢复为主、自然恢复和人工修复相结合的原则，加强湿地修复工作。

优化海域资源权属配置，促进海域的合理开发和可持续利用，规定海域资源管理利用制度。

立法建议如下：

第 475 条 ［海域资源管理利用］

国务院代表国家行使海域所有权。任何单位或者个人不得侵占、买卖或者以其他形式非法转让海域。

单位和个人使用海域，必须依法取得海域使用权，实施海域有偿使用制度。

第四节　国有能源管理利用

一、节约能源

能源既是重要的资源，又是重要的产业。2023 年，全年能源消费总量比上年增长 5.7%。加强国有能源管理利用，应当推动节约能源，保护生态环境，规定节约能源制度。

立法建议如下：

第 476 条 [节约能源]

国家坚持节约能源基本国策，实施节约与开发并举、把节约放在首位的能源发展战略。

国家推动从国有能源生产到消费全过程降低能耗、减少损失，加强用能管理，促进节能技术进步。

二、不可再生能源管理利用

国家提出"构建现代能源体系"。[1]为合理开发、利用和保护不可再生能源，保障煤炭、石油、天然气产业的可持续发展，对不可再生能源的管理利用作出规定。

立法建议如下：

第 477 条 [不可再生能源管理利用]

国家加强不可再生能源的勘查，实行合理开发，提高清洁高效利用水平。

为规范煤炭生产经营，促进煤炭产业可持续发展，规定煤炭管理利用制度。

立法建议如下：

---

〔1〕　参见《中华人民共和国国民经济和社会发展第十四个五年规划和 2035 年远景目标纲要》第 3 编第 11 章第 3 节。

第478条［煤炭管理利用］

完善煤炭生产开发规划制度，控制煤电建设规模。加强煤矿矿区保护，完善煤炭跨区域运输机制和集疏运体系，创新煤炭储备能力建设措施。

鉴于石油供需现状，促进石油产业可持续发展，保障石油产业的战略地位，规定石油管理利用制度。

立法建议如下：

第479条［石油管理利用］

完善石油管道运行保护机制，放开勘探开发市场准入，发展绿色石油产品。健全政府储备和企业社会责任储备有机结合、互为补充的石油储备体系。

鉴于天然气供需现状和发展前景，保障天然气产业的战略地位，规定天然气管理利用制度。

立法建议如下：

第480条［天然气管理利用］

构建深海、深层天然气资源利用制度，完善油气互联互通网络。开拓进口渠道，保障天然气输送安全。

三、电　力

推进国有电力体制改革，加快电力产业发展，对电力专作规定。

立法建议如下：

第481条［电　力］

优化国有电力资源配置，加快国有电网建设，保障国有电力设施安全，促进国家电力事业发展。

四、可再生能源管理利用

推动可再生能源全面发展，加快国有可再生能源建设，规定可再生能源制度。

立法建议如下：

第 482 条 ［可再生能源管理利用］

国家将可再生能源的开发利用列为能源发展的优先领域。加强国有可再生能源发展规划，推动风能、太阳能、水能、生物质能、地热能、海洋能、氢能等开发利用。优化可再生能源的产业指导、技术支持、推广应用，实施经济激励措施。

五、核能管理利用

为安全利用核能，保障核安全，规定核能管理利用制度。

立法建议如下：

第 483 条 ［核能管理利用］

应用先进核技术，安全、自主利用核能，健全核能管理、核能利用标准体系，加强核电站运行监管。

所谓新能源，又称非常规能源，是指传统能源之外的各种能源形式，潜力很大，正在研究开发、有待推广。中央政治局于 2024 年 2 月 29 日就"新能源技术与我国的能源安全"进行了集体学习。习近平指出，能源安全事关经济社会发展全局。他强调，要大力推动我国新能源高质量发展，为中国式现代化提供能源保障，为共建清洁美丽世界作出更大贡献。

立法建议如下：

第 484 条 ［新能源建设］

国家重视新能源建设，组织科学开发、推广应用。国家从财税、金融和科技政策等方面大力支持新能源建设。

区域治理体系

第十七章 ————————

区域协调发展法律制度

中国地域广大，南北东西中的自然环境、气候及经济积淀等各有不同，因地制宜为发展之上策。

本章所称"区域"专指本国范围之内。区域协调发展实质是要解决幅员广阔的国土上发展不平衡、不充分问题，已列为国家重要发展战略。

党的十九大提出，实施区域协调发展战略。二十大强调，促进区域协调发展。

区域协调发展制度，基本素材可见之于《宪法》相关内容，《民族区域自治法》相关内容，《长江保护法》《黄河保护法》《青藏高原生态保护法》等经济法律。

与《经济法典》"总则"区域协调发展法律制度总体条文相呼应，现探讨本章的具体制度设计。

第一节　区域协调发展促进制度

一、区域战略统筹

《中共中央、国务院关于建立更加有效的区域协调发展新机制的意见》（2018 年）提出建立区域协调发展新机制。为推动国家重大区域战略融合发展，促进区域间相互融通，专作规定。

立法建议如下：

第485条 ［重大区域战略融合发展］

以京津冀协同发展、长江经济带发展、粤港澳大湾区建设等重大战略为引领，以西部、东北、中部、东部四大板块为基础，促进区域间相互融通补充。

统筹发达地区和欠发达地区发展，支持发达地区与欠发达地区合作共建，加快区域联动，规定发达地区和欠发达地区协调发展制度。

立法建议如下：

第486条 ［发达地区和欠发达地区协调发展］

以承接产业转移示范区、跨省合作园区等为平台，支持发达地区与欠发达地区共建产业合作基地和资源深加工基地，完善区域联动机制。

引导资源枯竭地区、产业衰退地区、生态严重退化地区进行转型发展。

二、区域经济特色合作模式

促进流域上下游合作发展，尤其推动重点流域经济带上下游间合作发展，作出相应规定。

立法建议如下：

第487条 ［流域上下游合作发展］

健全上下游毗邻省市规划对接机制，协调解决地区间合作发展重大问题。完善流域内相关省市政府协商合作机制，推动上下游地区协调发展。

加强省际交界地区合作，加快省际交流合作，规定省际交界地区合作机制。

立法建议如下：

第488条 ［省际交界地区合作］

促进省际交界地区合作发展，建立统一规划、统一管理、合作共建、利益共享的合作新机制。

促进省际交界地区城市间交流合作，健全跨省城市政府间联席会议制度，完善省际会商机制。

三、优化区域互助机制

深入实施对口协作，加强就业促进、人才交流，为此完善对口协作机制。立法建议如下：

第 489 条 ［对口协作］

以企业合作为载体的对口协作，组织企业到落后地区投资兴业、发展产业、带动就业，建设对口协作园区。

创新协作双方交流机制，完善劳务输出精准对接机制，推动人才、资金、技术向落后地区和边远地区流动。

深入开展对口支援，向更深层次、更高质量、更可持续方向发展，设立对口支援机制。

立法建议如下：

第 490 条 ［对口支援］

建立全方位、精准对口支援措施，创新规划评估调整机制，完善支援项目管理制度。

四、健全区际发展利益补偿机制

鼓励开展横向生态补偿，促进区际生态保护，设立横向生态补偿制度。立法建议如下：

第 491 条 ［横向生态补偿］

鼓励生态受益地区与生态保护地区、流域下游与流域上游通过资金补偿、对口协作、产业转移、人才培训、共建园区等方式建立横向补偿关系。

支持在重要生态服务价值、受益主体明确、符合上下游补偿需求的跨省流域开展省际横向生态补偿。

健全粮食产销合作，满足对粮食主产区、粮食主销区、粮食产销平衡区的不同要求，设立规定粮食产销利益补偿机制。

立法建议如下：

第492条 ［粮食产销利益补偿］

健全粮食主产区与主销区之间利益补偿机制。粮食主产区应当不断提高粮食综合生产能力，提高粮食安全保障相关指标在综合考核中的比重。粮食主销区应当稳定和提高粮食自给率，鼓励粮食主销区在粮食主产区建设加工园区、优质商品粮基地以及提供资金、人才、技术服务支持等。粮食产销平衡区应当确保粮食基本自给。

促进资源输出地与输入地之间的利益补偿，鼓励资源输入地支持输出地发展，作出规定。

立法建议如下：

第493条 ［资源输出地与输入地利益补偿］

健全资源输出地与输入地之间利益补偿机制。鼓励资源输入地通过共建园区、产业合作、飞地经济等形式支持输出地发展接续产业和替代产业，建立支持资源型地区经济转型长效机制。

第二节 区域发展重大战略

一、京津冀协同发展

推动京津冀协同发展，充分发挥首都北京的辐射带动作用，设立规定京津冀协同发展机制。

立法建议如下：

第494条 ［京津冀协同发展］

促进京津冀协同发展，建设现代化新型首都圈、京津冀协同创新共同体，成为中国式现代化建设先行区、示范区。提高北京科技中心创新能力，促进国家自主创新示范区先行先试，提高机场群港口群协同水平，完善大气污染联防联控联治机制。

中共中央、国务院发布支持雄安新区全面深化改革和扩大开放的政策引导。深入推进京津冀协同发展，有序承接北京非首都功能疏解，高质量建设河北雄安新区，专作规定。

立法建议如下：

第 495 条〔雄安新区建设〕

河北雄安新区建设北京非首都功能疏解集中承载地、高质量高水平社会主义现代化城市。建立科学高效的雄安新区规划设计机制，建设标志性项目，探索智慧城市管理新模式，构建新型住房供给体系。推动高端高新产业发展，构建现代产权保护体系。建立长期稳定的建设资金筹措机制，有序推动金融资源集聚。建立扩大开放新机制，建设国际一流创新型城市。

保障和促进天津滨海新区开发开放，打造生态环境支撑区，作出规定。

立法建议如下：

第 496 条〔滨海新区建设〕

推动天津滨海新区高质量发展，建设中国北方对外开放门户、高水平现代制造业和研发转化基地、北方国际航运中心和国际物流中心，建立生态环境支撑区促进机制。

二、长江经济带与长三角一体发展

加强长江生态保护，加快长江经济带高质量发展，永葆长江生机活力，作出规定。

立法建议如下：

第 497 条〔长江经济带发展〕

以长江黄金水道为依托，发展长江经济带，建设世界一流内河经济带、东中西互动合作的协调发展带、生态文明建设先行示范带。建设长江大动脉，加快沿江高铁建设，完善综合交通运输机制。依法保护长江文物和文化遗产。

立足区域资源禀赋和江南水乡特色，对接长江经济带，促进长三角一体化发展，作出规定。

立法建议如下：

第498条 ［长三角一体化发展］

完善长三角一体化发展机制，建设全国发展强劲活跃增长极、全国高质量发展样板区、率先基本实现现代化引领区。强化区域联动发展，构建区域创新共同体，加快都市圈发展，促进城乡融合发展。协同建设一体化综合交通体系，共建高水平开放平台。

中共中央、国务院发布支持上海浦东新区高水平改革开放打造社会主义现代化建设引领区的政策指引。支持浦东新区发展，设计促进机制。

立法建议如下：

第499条 ［浦东新区高水平改革开放打造社会主义现代化建设引领区］

上海浦东新区实行高水平改革开放，构建社会主义现代化建设引领区，建设国际科技创新中心、国际金融中心、国际贸易中心、国际航运中心核心区。健全要素市场一体化运行机制，发展世界级创新产业集群，推进中国（上海）自由贸易试验区及临港新片区先行先试，建设国际投融资平台，培育绿色健康消费新模式。

三、黄河流域生态保护和高质量发展

立足黄河现状，构建与水资源承载能力相适应的现代产业体系，保护传承弘扬黄河文化，让黄河成为造福人民的幸福河，对黄河流域生态保护和高质量发展作出规定。

立法建议如下：

第500条［黄河流域生态保护和高质量发展］

促进黄河流域生态保护和高质量发展，建设大江大河治理重要标杆、国家生态安全屏障、高质量发展实验区、中华文化保护传承弘扬承载区。构建与水资源承载能力相适应的现代产业体系，实行高耗水产业准入负面清单和淘汰类高耗水产业目录制度。以保护传承弘扬黄河文化为重点，建设黄河文化旅游带，促进文化产业与农业、水利、制造业、交通运输业、服务业等深度融合。

四、粤港澳大湾区建设

中共中央、国务院发布粤港澳大湾区发展规划的政策指引。加快粤港澳大湾区建设，共建粤港澳合作发展平台，提升大湾区的支撑引领作用，实现国家繁荣富强，专作规定。

立法建议如下：

第501条［粤港澳大湾区建设］

粤港澳大湾区建设国际一流湾区和世界级城市群，建设国际科技创新中心、"一带一路"建设重要支撑、内地与港澳深度合作示范区。构建开放型区域协同创新共同体，发展高水平科技创新载体。加快基础设施互联互通，构建现代化的综合交通运输体系，提升信息基础设施，建设能源安全保障体系。构建具有国际竞争力的现代产业体系，加快发展先进制造业，培育壮大战略性新兴产业，发展海洋经济。

中共中央、国务院发布支持深圳建设中国特色社会主义先行示范区的政策指引。推进深圳综合改革，深化探索、先行先试，专作规定。

立法建议如下：

第502条［深圳建设中国特色社会主义先行示范区］

深圳建设中国特色社会主义先行示范区，创建社会主义现代化强国的城市范例。支持深圳在土地管理、资本市场等方面先行先试，加快培育数据要素市场。完善适应超大城市特点的劳动力流动制度，建立具有国际竞争力的引才用才制度。扩大金融业、航运业等对外开放。

建设前海深港现代服务业合作区，推动粤港深度合作，全面深化改革创新试验，专作规定。

立法建议如下：

第503条 [前海深港现代服务业合作区建设]

创新前海深港现代服务业合作区发展机制，建设全面深化改革创新试验平台，建成全球资源配置、创新策源的高质量发展引擎。深化服务贸易自由化，扩大金融业对外开放，提升法律事务对外开放水平。

建设横琴粤澳深度合作区，推动粤澳深度合作，专作规定。

立法建议如下：

第504条 [横琴粤澳深度合作区建设]

创新横琴粤澳深度合作区发展机制，发展促进澳门经济适度多元的新产业，建设便利澳门居民生活就业的新家园，构建与琴澳一体化高水平开放的新机制。建立横琴粤澳深度合作区开发管理机构，组建合作区开发执行机构，建立合作区收益共享机制。

加快南沙发展，打造面向世界的开放平台，专作规定。

立法建议如下：

第505条 [南沙面向世界的开放]

促进南沙面向世界的开放，建设立足湾区、协同港澳、面向世界的重大战略性平台。推动科技创新产业合作，健全青年创业就业合作机制，发展海洋经济，共建高水平对外开放门户。

第三节　区域协调发展战略

一、海峡两岸融合发展

《中共中央、国务院关于支持福建探索海峡两岸融合发展新路 建设两岸融合发展示范区的意见》（2023 年）提出海峡两岸融合发展。2023 年 9 月，国务院批复同意出台实施《东莞深化两岸创新发展合作总体方案》。为优化涉台营商环境，完善市场准入措施，加快海峡两岸融合发展，专作规定。

立法建议如下：

第 506 条 ［优化涉台营商环境］

制定促进两岸融合放宽市场准入特别措施，鼓励福建自由贸易试验区扩大对台先行先试，推动东莞等地深化两岸创新发展合作。

鼓励两岸共同制定行业标准、资质评估、认证体系，完善权益保障协调联动机制。

深化产业合作，集聚两岸资源要素，规定深化产业合作机制。

立法建议如下：

第 507 条 ［海峡两岸产业合作］

加强两岸产业合作，建设集聚两岸资源要素有全球竞争力的产业基地、先进制造业集群。创新两岸社会资本合作机制，设立两岸产业融合发展基金。

鼓励台湾农民参与福建农业融合发展，建设农业优质平台，规定农业合作机制。

立法建议如下：

第 508 条 ［海峡两岸农业合作］

鼓励台湾农民参与福建农业融合发展，在用地、融资、市场等方面提供更多便利。在福建建设台湾农民创业园、两岸乡村振兴合作基地、国家现代农业优质平台。

加强科技创新合作，促进科技成果转化，规定科技创新合作机制。

立法建议如下：

第509条 ［海峡两岸科技创新合作］

发展共性技术研发平台，推动两岸企业数字化转型，建设科技成果转化平台。

二、东北振兴

国家发布推进东北振兴的政策指引。发展现代农业，深化国有企业改革攻坚，开拓特色产业，对东北振兴作出规定。

立法建议如下：

第510条 ［东北振兴］

加快东北振兴，发展现代农业，开拓寒地冰雪等特色产业，形成具有国际影响力的冰雪旅游带。

三、西部大开发

中共中央、国务院发布推进西部大开发形成新格局的政策指引。为形成现代化产业体系，加快绿色发展，对西部大开发作出规定。

立法建议如下：

第511条 ［西部大开发］

促进西部大开发，形成现代化产业体系，优化能源供需结构，促进城乡融合发展。参与和融入"一带一路"建设，完善开放大通道建设激励机制，构建内陆多层次开放平台，促进沿边地区开放发展。

中共中央、国务院发布成渝地区双城经济圈建设规划的政策指引。作为双城经济圈，成渝经济圈着重打造经济、科技、生活等优势品牌，作出规定。

立法建议如下：

第512条 ［成渝经济圈建设］

发展成渝经济圈，建设高品质生活宜居地，构建双城经济圈发展新格局。

加强青藏高原生态经济保护，与生态系统和资源环境承载能力相适应，作出规定。

立法建议如下：

第513条 ［青藏高原生态经济保护］

青藏高原产业结构和布局应当与青藏高原生态系统和资源环境承载能力相适应，优先发展资源节约型、环境友好型产业，适度发展民族特色农牧业、手工业等生态产业。

四、中部地区崛起

中共中央、国务院发布推动中部地区高质量发展的政策指引。以先进制造业为支撑，增强城乡区域发展协同性，对中部地区崛起作出规定。

立法建议如下：

第514条 ［中部地区崛起］

在更高起点上扎实推动中部地区崛起，构建以先进制造业为支撑的现代产业体系。增强城乡区域发展协同性，提升公共服务保障水平，形成内陆高水平开放新体制。

促进武汉、长株潭都市圈建设，推动长江中游城市群协同发展，作出规定。

立法建议如下：

第515条 ［武汉、长株潭都市圈建设］

推动长江中游城市群协同发展，加快武汉、长株潭都市圈建设，加快发展现代农业。

五、东部地区加快推进现代化

培育世界级先进制造业集群，建立全方位开放型经济体系，对东部地区现代化作出规定。

立法建议如下：

第516条 ［东部地区现代化］

实现东部地区现代化，加快培育世界级先进制造业集群，发挥创新要素集聚优势。更高层次参与国际经济合作，建立全方位开放型经济体系。

中共中央、国务院发布支持浙江高质量发展建设共同富裕示范区的政策指引。为支持浙江高质量发展，为全国推动共同富裕提供省域范例，作出规定。

立法建议如下：

第517条 ［浙江高质量发展建设共同富裕示范区］

浙江作为高质量发展建设共同富裕示范区，应当提升经济循环效率，推动更加充分更高质量就业，完善再分配制度，促进公共服务优质共享，实现城乡一体化发展。

六、支持特殊类型地区发展

发展特色产业，实现绿色转型，促进革命老区振兴，作出规定。

立法建议如下：

第518条 ［革命老区建设］

统筹推进革命老区振兴，因地制宜发展特色产业，推进绿色创新发展。

"中华民族共同体意识是民族团结之本。"〔1〕我们要深入领会党的民族理

---

〔1〕 习近平：《中华民族共同体意识是民族团结之本》，载《习近平著作选读》（第2卷），人民出版社2023年版，第508页。

论，坚决贯彻国家关于民族工作的一系列基本制度和政策。发挥本地经济优势，支持民族地区建设，铸牢中华民族共同体意识，作出规定。

立法建议如下：

第519条　[民族地区建设]

根据民族地区经济条件，发展优势经济产业，促进民族地区团结进步、繁荣发展。国家扶助民族自治地方发展经济事业，鼓励经济发达地区与民族自治地方开展多种形式的经济合作。

支持边疆地区建设，推进兴边富民、稳边固边，加大精准支持力度，作出规定。

立法建议如下：

第520条　[边疆地区建设]

支持边疆地区建设，改善边境地区生产生活条件，完善沿边城镇体系，支持边境口岸建设，加快抵边村镇和抵边通道建设，推动边境贸易创新发展。

第四节　海洋经济发展

一、建设海洋强国

加强海洋生态保护，促进海洋经济发展建设海洋强国，设置海洋强国建设的一般条款。

立法建议如下：

第521条　[建设海洋强国]

加快建设海洋强国，协同推进海洋生态保护、海洋经济发展和海洋权益维护，提高海洋经济圈发展水平。

加强与涉海国家的合作，参与全球海洋治理，规定涉海合作机制。

立法建议如下：

第 522 条 ［涉海合作］

加强与涉海国家在海洋资源开发、海洋环境保护、海洋科学研究、海上搜救等领域的务实合作。

发展蓝色伙伴关系，参与国际海洋治理机制，建设公正合理的国际海洋秩序，构建海洋命运共同体。

推动陆海一体化发展，加强海洋保护开发，对陆海经济发展空间作出规定。

立法建议如下：

第 523 条 ［陆海经济一体化发展］

推动陆海经济一体化发展，优化海洋经济发展空间布局。

二、发展海洋经济

加快海洋经济发展，打造多元化的海洋经济工程，对发展海洋经济作出规定。

立法建议如下：

第 524 条 ［发展海洋经济］

发展海洋经济，统筹建设海洋经济工程，发展海洋经济示范区和海洋经济产业集群。

健全海洋产业体系，提高海洋资源开发水平，对海洋产业体系作出规定。

立法建议如下：

第 525 条 ［海洋产业体系］

发展海洋渔业、海洋生物医药、海洋新材料、海洋交通产业、海洋文化旅游，健全海洋产业体系。

第十八章

新型城镇化法律制度

新型城镇化实质是要解决大中小城市发展路径问题，已列为国家重要发展战略。

党的二十大强调，推进以人为核心的新型城镇化。

新型城镇化制度，基本素材可见之于《宪法》相关内容，《城乡规划法》《城市房地产管理法》等经济法律。

与《经济法典》"总则"新型城镇化法律制度总体条文相呼应，现探讨本章的具体制度设计。

第一节　新型城镇化

一、新型城镇化的定位

"城乡发展不平衡不协调，是我国经济社会发展存在的突出矛盾。""根本解决这些问题，必须推进城乡发展一体化。"[1]2023年年末全国常住人口城镇化率为66.16%，比上年末提高0.94%。坚持走中国特色新型城镇化道路，使人民群众享有更高品质的城市生活，对新型城镇化准确定位。

立法建议如下：

第526条 ［新型城镇化定位］

深入推进以人为核心的新型城镇化，促进大中小城市和小城镇协调联动、

---

[1] 习近平：《关于〈中共中央关于全面深化改革若干重大问题的决定〉的说明》，载《习近平著作选读》（第1卷），人民出版社2023年版，第168~169页。

特色发展，推进城乡发展一体化。

加强市政体系规划，加快城市治理，对新型城镇化建设规划作出规定。
立法建议如下：

第 527 条 ［新型城镇化建设规划］

推动新型城镇化建设，加强城镇布局、人口转移、产业体系、交通运输、老旧改造等规划。

促进农业转移人口市民化，加快城镇化进程，配套财政、建设用地、产权流转等措施。
立法建议如下：

第 528 条 ［农业转移人口市民化］

完善财政转移支付与农业转移人口市民化挂钩政策。调整城镇建设用地年度指标分配依据，建立同吸纳农业转移人口落户数量和提供保障性住房规模挂钩机制。

建立农村产权流转市场体系，健全农户市场化退出机制。

二、完善城镇化空间格局

促进城市群发展，加快城市群一体化发展，作出规定。
立法建议如下：

第 529 条 ［城市群一体化发展］

健全城市群一体化协调发展机制和成本共担、利益共享机制。优化城市群内部空间结构，形成多中心、多层级、多节点的网络型城市群。

促进现代交通发展，加快现代化都市圈建设，作出规定。
立法建议如下：

第 530 条 ［现代化都市圈建设］

依托辐射带动能力较强的中心城市，提高通勤圈协同发展水平，培育同城化程度高的现代化都市圈。鼓励都市圈轨道交通衔接、社保积分互认、教育医疗资源共享、科技创新合作。

重视超大特大城市中心城区建设，增强科技创新、产业引领功能，实现多中心、组团式发展，作出规定。

立法建议如下：

第531条 [超大特大城市中心城区建设]

控制城市人口总量。增强超大特大城市的科技创新策源、高端产业引领功能，有序疏解中心城区制造业、物流基地、专业市场、过度集中的医疗和高等教育。完善郊区新城功能，实现多中心、组团式发展。

立足大中城市特色资源和产业基础，提升城市生活品质，作出规定。

立法建议如下：

第532条 [大中城市建设]

加快大中城市建设，主动承接超大特大城市产业转移和功能疏解，因地制宜建设先进制造业基地、商贸物流中心、区域专业服务中心、时尚消费中心。

中共中央办公厅、国务院办公厅印发《关于推进以县城为重要载体的城镇化建设的意见》（2022年），提出推进以县城为重要载体的城镇化建设。为分类引导县城建设，发展比较优势明显的产业，专作规定。

立法建议如下：

第533条 [县城建设]

分类引导县城发展方向，加快县城公共基础设施建设，重点发展比较优势明显、带动农业农村能力强、就业容量大的产业，培育文化体验、休闲度假、特色民宿、养生养老等产业。

第二节 城市品质提升

一、城市维护与更新

立足城市情况，按照"一城一貌"原则，针对性进行经济社会改革，形成特有优势和吸引力，为此对"一城一貌"作出规定。

立法建议如下：

第534条 ［一城一貌］

立足本地特色，实施一城一貌，传承历史文化底蕴，推动城市经济特色创新。

按照区位条件、资源禀赋和发展基础，发展特色小镇，作出规定。

立法建议如下：

第535条 ［特色小镇建设］

建设特色小镇，创新小镇布局。因地制宜、错位发展先进制造类、现代服务类、农业田园类特色小镇，促进人文融合，完善产业配套设施。

按照资源环境承载能力合理确定城市规模和空间结构，规定城市维护制度。

立法建议如下：

第536条 ［城市维护］

统筹安排城市建设、产业发展、生态涵养，推行功能复合、立体开发、公交导向的集约紧凑型发展，统筹地上地下空间利用，增加绿化节点和公共开敞空间。

"尊重城市发展规律"。[1]"无论规划、建设还是管理，都要把安全放在第一位，把住安全关、质量关，并把安全工作落实到城市工作和城市发展各个环节各个领域。这是一条硬杠杠。"[2]促进城市改造提升、有机更新，确保城市生命线安全，规定城市更新制度。

立法建议如下：

第 537 条［城市更新行动］

推进城市更新，改造提升老旧小区、老旧厂区、老旧街区和城中村等存量片区功能。鼓励渐进式有机更新，促进城市生态修复、城市功能完善、基础设施更新改造、数字化提升。

保护和延续城市文脉，加强历史文化保护传承，规定城市文脉保护制度。立法建议如下：

第 538 条［城市文脉保护］

保护和延续城市文脉，加强历史文化保护传承，不得破坏老城区传统格局和街巷肌理，不得随意迁移、拆除历史建筑。

二、解决城市发展难题

顺应城市发展新理念，提升城市智慧化水平，对"一张图"数字化管理进行规定。

立法建议如下：

第 539 条［城市"一张图"数字化管理］

提升城市智慧化管理水平，推行城市楼宇、公共空间、地下管网等"一张图"数字化管理。

---

[1]　习近平：《做好城市工作的基本思路》，载《习近平著作选读》（第1卷），人民出版社 2023 年版，第 407 页。

[2]　习近平：《做好城市工作的基本思路》，载《习近平著作选读》（第1卷），人民出版社 2023 年版，第 414 页。

许多城市存在"三难"状况：交通难，垃圾处理难，排涝难。优先发展城市公共交通，解决城市"交通难"问题，作出规定。

立法建议如下：

第 540 条 ［解决城市"交通难"］

综合布局各类城市交通设施，优先发展城市公共交通，与城市重要节点、地点全面对接。建设自行车道、步行道等慢行网络，加强无障碍环境建设。

推动垃圾无害化处理，解决城市"处理垃圾难"问题，作出规定。

立法建议如下：

第 541 条 ［解决城市"垃圾处理难"］

开展垃圾无害化处理市场化模式，鼓励垃圾处理产业园区、资源循环利用基地等建设。

促进源头减排、排涝除险，解决城市"排涝难"问题，作出规定。

立法建议如下：

第 542 条 ［解决城市"排涝难"］

建设源头减排、蓄排结合、排涝除险、超标应急的城市排涝体系，推动城市内涝治理。增强公共设施应对洪涝灾害的能力，完善公共设施和建筑应急避难功能。

第三节　城市房地产发展和住房保障

一、城市房地产管理

实现住房和土地联动，优化房地产管理，设立城市房地产管理机制。

立法建议如下：

第 543 条［城市房地产管理］

构建房地产发展新模式。对在城市规划区从事房地产开发、交易活动，加强科学指导、监督管理。

建立和完善商品房基础性制度，加强房地产金融调控，发挥住房税收调节作用，稳定地价、房价和预期，完善城镇住房保障体系。

二、城市房地产发展的土地供应

优化房地产土地出让（一级市场），保障房地产权利人的合法权益，加快房地产业健康发展，规定房地产土地出让制度。

立法建议如下：

第 544 条［房地产土地出让］

土地使用权出让，可以采取拍卖、招标或者双方协议的方式。完善土地出让收入分配机制，健全财税、金融支持措施。

三、房地产开发

为规范房地产开发，维护房地产市场秩序，设立房地产开发制度。
立法建议如下：

第 545 条［房地产开发］

以出让方式取得土地使用权进行房地产开发的，必须按照出让合同约定的土地用途、动工开发期限开发土地。房地产开发项目竣工，经验收合格后，方可交付使用。

四、房地产交易

优化房地产交易（二级市场），加快房地产业健康发展，规定房地产交易制度。

立法建议如下：

第 546 条 〔房地产交易〕

发展房地产转让、房地产抵押、房屋租赁等房地产交易，规范房地产交易市场，建设房地产交易平台。

规范房地产预售，保障预售工程建设，保障房地产权利人的合法权益，规定房地产预售制度。

立法建议如下：

第 547 条 〔房地产预售〕

商品房预售，应当符合取得土地使用权证书、持有建设工程规划许可证、投入开发建设的资金比例、办理预售登记等要求，实行登记备案。商品房预售所得款项，必须用于有关的工程建设。

立足房地产现售市场，促进房地产市场平稳健康发展，规定房地产现售制度。

立法建议如下：

第 548 条 〔房地产现售〕

实施房地产市场平稳健康发展长效机制，促进房地产现售与实体经济均衡发展。

保障抵押人向抵押权人提供债务履行担保，规定房地产抵押制度。

立法建议如下：

第 549 条 〔房地产抵押〕

抵押人以其合法的房地产，通过不转移占有的方式向抵押权人提供债务履行担保。债务人不履行债务时，抵押权人有权依法以抵押的房地产拍卖所得的价款优先受偿。

推动房产租赁市场，盘活城市住房资源，设置房产租赁制度。

立法建议如下：

第550条［房产租赁］

房屋所有权人作为出租人，将其房屋出租给承租人使用，由承租人向出租人支付租金。发展住房租赁市场，有效利用存量住房资源，使租购住房在享受公共服务上具有同等权利。

完善房地产权属配置，保障房地产权利人的合法权益，设置房地产权属登记制度。

立法建议如下：

第551条［房地产权属登记］

以出让或者划拨方式取得土地使用权，应当申请登记，颁发土地使用权证书。在依法取得的房地产开发用地上建成房屋的，应当凭土地使用权证书申请登记，颁发房屋所有权证书。

五、物业管理服务

优化物业服务，提高物业服务标准化水平，规定物业管理服务制度。
立法建议如下：

第552条［物业管理服务］

加强物业管理服务，提高物业服务覆盖率、服务质量和标准化水平。

六、保障城市居民住房

为有效保障城市居民住房，赋予政府相应的主体责任。
立法建议如下：

第553条［城市居民住房保障政府责任］

落实政府保障城市居民住房的主体责任，稳定城市房价，支持居住需求，遏制房地产投机行为，切实解决房地产泡沫难题。

为优化住房公积金的用途，加强职工住房保障，规定住房公积金制度。

立法建议如下：

第 554 条 ［住房公积金］

职工个人缴存的住房公积金和职工所在单位为职工缴存的住房公积金，属于职工个人所有。住房公积金的管理实行住房公积金管理委员会决策、住房公积金管理中心运作、银行专户存储。住房公积金应当用于职工购买、建造、翻建、大修自住住房。

坚持因地制宜，让全体人民住有所居、职住平衡，作出规定。

立法建议如下：

第 555 条 ［职住平衡］

坚持因地制宜、职住平衡，建立多主体供给、多渠道保障、租购并举的住房制度，实现居住功能与就业功能的匹配。

落实政府住房保障的主体责任，探索多种形式的保障性住房供给，规定保障性住房制度。

立法建议如下：

第 556 条 ［保障性住房］

有效增加保障性住房供给，完善住房保障基础性制度和支持政策。单列租赁住房用地计划，利用集体建设用地和企事业单位自有闲置土地建设租赁住房，支持将非住宅房屋改建为保障性租赁住房。

经济过度房地产化是不可取的，必须保持房地产市场平稳地、合理地发展。实施城市房价调控，加强公众住房保障，规定城市房价制度。

立法建议如下：

第 557 条 ［城市房价］

基准地价、标定地价和各类房屋的重置价格应当定期确定并公布。

按照国家规定的技术标准和评估程序，以基准地价、标定地价和各类房屋的重置价格为基础，参照当地的市场价格进行评估。

房地产权利人转让房地产，应当向政府部门如实申报成交价，不得瞒报或者作不实的申报。

第十九章

乡村振兴法律制度

乡村振兴，实质上是要在实现小康社会之后，继续解决农业农村农民发展问题，已列为党和国家工作重点。

党的二十大强调，全面推进乡村振兴。

乡村振兴制度，基本素材可见之于《宪法》相关内容，《乡村振兴促进法》《农业法》《种子法》《粮食安全保障法》《农业机械化促进法》《农业技术推广法》《农村土地承包法》《农村土地承包经营纠纷调解仲裁法》《农民专业合作社法》《畜牧法》《渔业法》等经济法律。

与《经济法典》"总则"乡村振兴法律制度总体条文相呼应，现探讨本章的具体制度设计。

第一节 乡村全面振兴

一、乡村产业振兴

近年中央一号文件为全面推进乡村振兴提供政策指引。中共中央、国务院印发《乡村振兴战略规划（2018-2022年）》（2018年），对乡村振兴提出战略规划。为全面实施乡村振兴战略，推进乡村产业振兴、人才振兴、文化振兴、生态振兴、组织振兴，对乡村振兴作出规定。

立法建议如下：

第558条 [乡村振兴]

国家坚持建设农业强国目标，实施乡村全面振兴战略，按照产业兴旺、生态宜居、乡风文明、治理有效、生活富裕的总要求，以绿色发展引领振兴，推进农业农村现代化。

促进乡村产业振兴，让农民共享全产业链增值收益，对新产业、新业态作出规定。

立法建议如下：

第559条［培育新产业、新业态］

发展新型农业经营主体，促进小农户和现代农业发展有机衔接。引导新型经营主体通过特色化、专业化经营，合理配置生产要素，促进乡村产业深度融合，与农民建立紧密型利益联结机制。

立足农村实际，发展特色农业，作出规定。

立法建议如下：

第560条［发挥农村特色优势］

支持特色农业、乡村手工业、绿色建材、乡村旅游等乡村产业的发展。支持特色农产品优势区、现代农业产业园、农业科技园、农村创业园、休闲农业和乡村旅游重点村镇等的建设。

促进数字乡村建设，实现乡村信息化全覆盖，规定数字乡村建设机制。

立法建议如下：

第561条［数字乡村建设］

完善农村信息基础设施建设，构建面向农业农村的综合信息服务体系，建立涉农信息普惠服务机制。建立农业农村大数据体系，推进农村集体经济、集体资产、农村产权流转交易数字化管理，健全城乡灾害监测预警信息共享机制。

二、乡村振兴激励机制

加强乡村建设规划，建设美丽宜居乡村，规定乡村建设行动。

立法建议如下：

第562条 ［乡村建设行动］

合理划定各类空间管控边界，因地制宜界定乡村建设规划范围，优化生产生活生态空间。持续改善村容村貌和人居环境，推进农村厕所革命，建设美丽宜居乡村。

统筹整合涉农资金，构建新型农业补贴政策体系，规定财政投入制度。
立法建议如下：

第563条 ［财政投入］

县级以上人民政府优先保障用于乡村振兴的财政投入，与乡村振兴目标任务相适应。各级人民政府应当完善涉农资金统筹整合长效机制，构建以高质量绿色发展为导向的新型农业补贴政策体系。

加强金融支持，推动当地农业农村发展，规定金融支持制度。
立法建议如下：

第564条 ［金融支持］

以市场化方式设立乡村振兴基金，重点支持乡村产业发展和公共基础设施建设。

完善政府性融资担保机制，依法完善乡村资产抵押担保权能。

健全多层次资本市场，多渠道推动涉农企业股权融资，发展并规范债券市场，丰富农产品期货品种。

完善金融支持乡村振兴考核评估机制，促进农村普惠金融发展。

保障农民财产权益，增加农民收入，提升农民生活水平，对赋予农民更加充分的财产权益作出规定。
立法建议如下：

第565条 ［赋予农民更加充分的财产权益］

推进农村宅基地制度改革，加快确权登记颁证，创新宅基地财产权益有效实现形式。完善农村集体经营性建设用地入市机制，优化土地增值收益有效调节机制。发展新型农村集体经济，探索资源发包、物业出租、居间服务、资产参股等多样化途径。

三、巩固拓展脱贫攻坚成果同乡村振兴有效衔接

由于自然条件、生产力水平、生产关系结构等原因，贫困成为人类社会的顽疾。习近平同志指出："反贫困始终是古今中外治国安邦的一件大事。一部中国史，就是一部中华民族同贫困作斗争的历史。"[1]在党中央坚强领导下，经过全国人民持续艰苦奋斗，到 2021 年中国共产党成立 100 周年之时，在中华大地上建成了小康社会，历史性地解决了绝对贫困问题。中国特色反贫困理论和实践，可以形成现代反贫困法。这种中国智慧和方案，对于世界上其他国家，特别是发展中国家亦可提供有益的价值。

立法建议如下：

第 566 条 [反贫困]

立足实际，加强领导，团结合作，采取得力措施，精准扶贫，同时激发脱贫内生动力，攻坚克难，实现消除绝对贫困预定目标。

完成脱贫任务之后，要做好巩固拓展脱贫攻坚成果同乡村振兴有效衔接。防止出现规模性返贫。

《中共中央、国务院关于实现巩固拓展脱贫攻坚成果同乡村振兴有效衔接的意见》（2020 年）部署将巩固拓展脱贫攻坚成果同乡村振兴有效衔接。为巩固拓展脱贫攻坚成果，同乡村振兴有效衔接，设计相应的长效机制。

立法建议如下：

第 567 条 [巩固脱贫成果]

健全巩固拓展脱贫攻坚成果长效机制。完善农村社会保障和救助制度，健全农村低收入人口常态化帮扶机制。对脱贫地区继续实施城乡建设用地增减挂钩节余指标省内交易政策、调整完善跨省域交易政策。加强扶贫项目资

---

〔1〕 习近平：《在全国脱贫攻坚总结表彰大会上的讲话》，载《习近平著作选读》（第 2 卷），人民出版社 2023 年版，第 430 页。

金资产管理和监督，推动特色产业可持续发展。推广以工代赈方式，带动低收入人口就地就近就业。做好易地扶贫搬迁后续帮扶，加强大型搬迁安置区新型城镇化建设。

防止遭遇不确定风险导致的返贫，维护社会稳定，设立防止返贫措施。立法建议如下：

第568条 [防止返贫]

健全防止返贫动态监测和精准帮扶机制，对易返贫致贫人口实施常态化监测，建立健全快速发现和响应机制，分层分类及时纳入帮扶政策范围。

实现农村低收入人口常态化帮扶，兜牢丧失劳动能力人口基本生活保障底线，作出规定。立法建议如下：

第569条 [农村低收入人口常态化帮扶]

落实农村低收入人口统计，分层分类实施社会救助，合理确定农村医疗保障待遇水平，完善养老保障和儿童关爱服务，建立丧失劳动能力人口基本生活保障底线制度。

第二节　农业农村现代化

一、物质基础保障

习近平同志指出："实现农业农村现代化是全面建设社会主义现代化国家的重大任务，是解决发展不平衡不充分问题的必然要求。"[1]土地是农业农村现代化的基础要素，中央的方针非常明确，"坚持所有权、保障承包权、用活

---

〔1〕习近平：《关于构建新发展格局》，载《习近平著作选读》（第2卷），人民出版社2023年版，第373页。

经营权"。[1]这里的主线仍然是处理好农民和土地的关系。从农村家庭联产承包责任制、"三权分置"改革（农村土地所有权、承包权、经营权分置）等角度展开，有效保护农村土地，维护农民合法权益，作出规定。

立法建议如下：

第 570 条 ［农村土地"三权"分置］

保持土地集体所有、家庭承包经营的基本制度长久不变，完善农村承包地所有权、承包权、经营权分置制度。对承包农户进城落户的，引导支持其按照自愿有偿原则依法在本集体经济组织内转让土地承包权或将承包地退还集体经济组织，也可鼓励其多种形式流转承包地经营权。

实行对永久基本农田特别保护，促进农业生产可持续发展，专作规定。

立法建议如下：

第 571 条 ［永久基本农田保护］

国家实行永久基本农田保护制度，建设并保护高标准农田，健全休耕轮作制度。县级以上地方人民政府应当确保本行政区域内永久基本农田总量不减少、质量有提高。

加快农业农村基础设施建设，加强农业综合开发，作出规定。

立法建议如下：

第 572 条 ［农业农村基础设施建设］

优化农田水利建设，实施高标准农田建设工程、黑土地保护工程，建设节水灌溉骨干工程。加强农业综合开发、农业生态环境保护、农产品流通等农业农村基础设施建设。

---

［1］　习近平：《坚持所有权、保障承包权、用活经营权》，载《习近平著作选读》（第 1 卷），人民出版社 2023 年版，第 474 页。

二、农业结构优化

前瞻性把握农业生产布局，对农业生产结构调整作出规定。

立法建议如下：

第 573 条 ［农业生产结构调整］

优化农业生产布局，推进农林牧渔协调发展，建设优势农产品产业带和特色农产品优势区，发展设施农业。

1958 年，毛泽东概括农作物增产八项措施，即土、肥、水、种（推广良种）、密（合理密植）、保（植物保护，防治病虫害）、管（田间管理）、工（工具改革），并称之为"农业八字宪法"。合理应用农业生产资料，规定有效供给、质量安全、价格合理等制度要求。

立法建议如下：

第 574 条 ［农业生产资料］

推广应用机械化，合理应用农药、化肥、农膜等农业生产资料，实施农药化肥减量行动，治理农膜污染，保障农业生产资料有效供给、质量安全、价格合理。

种子是基本的生产资料之一。加强种质资源保护，促进种子产业化应用，对种子工程作出规定。

立法建议如下：

第 575 条 ［种子工程］

推动农业种质资源库建设，完善种质资源保护利用机制，加强种业国家安全审查。创新农业良种技术推广机制，推进优质种子工程，培育具有国际竞争力的种业龙头企业。

发展优质农产品工程，全面提升农产品质量，规定优质农产品生产、供给保障制度。

立法建议如下：

第 576 条 [优质农产品（生产、供给）保障]

推进优质农产品工程，优化绿色食品、有机农产品、地理标志农产品认证管理制度，创新全过程农产品质量安全监管机制。

在保障粮食安全的基础上，着力加强经济作物产品（如棉花）供给，满足人民群众美好生活需求，规定生产、供给保障条款。

立法建议如下：

第 577 条 [经济作物产品（生产、供给）保障]

保障经济作物产品供给，健全经济作物产品市场体系。

为规范林业生产经营行为，在加强森林保护的基础上促进林业发展，规定林业发展制度。

立法建议如下：

第 578 条 [林业发展]

统筹提高林业经济社会效益，建设智慧林业，促进林业可持续经营，提高林产品多功能性。

恰当处理退耕还林与退林还耕，妥善解决耕、林关系。

为规范畜牧业生产经营行为，振兴畜牧业，规定畜牧业发展制度。

立法建议如下：

第 579 条 [畜牧业发展]

加强畜禽遗传资源保护，优化种畜禽品种选育与生产经营，规范畜禽养殖、交易、运输、屠宰等活动。推广规模化、智能化养殖，推进种养结合和农牧循环，促进畜牧业高质量发展。

为加强渔业资源的保护利用，发展人工养殖，促进渔业生产的发展，规定渔业发展制度。

立法建议如下：

第580条 [渔业发展]

渔业发展以养殖为主，养殖、捕捞、加工并举，因地制宜，各有侧重，促进渔业资源的增殖和保护。

健全农产品运输体系，加快农业产业链建设，规定农产品运输制度。
立法建议如下：

第581条 [农产品运输]

促进农产品流通保鲜和冷链物流设施建设，健全农产品运输体系，建设农产品运输绿色通道。

健全农产品销售体系，维护农业生产经营组织的合法权益，推进农业现代化，规定农产品销售制度。
立法建议如下：

第582条 [农产品销售]

制定农产品批发市场发展规划，建设农产品批发市场和农产品集贸市场，形成合理的农产品销售区域布局和规模结构。

三、农业技术发展

促进农业科技进步，发展农业生产力，建设智慧农业，规定农业科技发展制度。
立法建议如下：

第583条 [农业科技发展]

健全农业科技创新体系，发展智慧农业，加强农业知识产权保护。建设现代农业产业园区、农业现代化示范区。

加强农业信息监测预警和综合服务，推进农业生产经营信息化。

建立有利于农业科技扶助的激励机制和利益分享机制，健全农业科技扶助体系。

四、农业保险

规范农业保险活动，保护农业合法权益，提高农业抗风险能力，设置农业保险制度。

立法建议如下：

第584条［农业保险］

根据农业保险事故类型，发展多种形式的农业保险，健全农业保险体系，完善政策性保险制度，确立农业保险大灾风险分散机制。

五、农村人才发展

为培养乡村人才，推动专业人才服务乡村，作出规定。

立法建议如下：

第585条［乡村专业人才建设］

培养乡村专业人才，引导城市人才下乡，健全城乡、区域、校地之间人才交流合作机制，为返乡入乡人才提供必要的生产生活服务、待遇。发挥专业人才优势，对接本地实际需求，尊重人才成长规律，搭建乡村聚才平台，全面参与乡村建设，健全人才贡献评价体系。

第三编　供求循环

第二十章 ————————

本编一览：构建以国内大循环为主体、国内国际双循环相互促进的新发展格局

　　"供""求"为市场经济关系的两个基本方面。党的二十大强调，加快构建新发展格局，着力推动高质量发展。国民经济运行的实操观察，就是供求关系的动态平衡。故此，《经济法典》"分则"，在"市场机制调节""宏观经济治理"之后，紧接着安排第三编，定为"供求循环"。

　　必须深入理解马克思主义政治经济学的基本原理，并用以指导经济法实践。马克思说过："说到供给和需求，那么供给等于某种商品的卖者或生产者的总和，需求等于这同一种商品的买者或消费者（包括个人消费和生产消费）的总和。而且，这两个总和是作为两个统一体，两个集合力量来互相发生作用的。"〔1〕

　　习近平同志分析道："供给和需求是市场经济内在关系的两个基本方面。"〔2〕"供给侧和需求侧是管理和调控宏观经济的两个基本手段。"〔3〕要"形成需求牵引供给、供给创造需求的更高水平动态平衡"〔4〕。党的二十大提出，"加快构建以国内大循环为主体、国内国际双循环相互促进的新发展格局"。"构建

---

　　〔1〕〔德〕马克思：《资本论》（第3卷），人民出版社2004年版，第215页。

　　〔2〕习近平：《深入理解新发展理念，推进供给侧结构性改革》，载《习近平著作选读》（第1卷），人民出版社2023年版，第443页。

　　〔3〕习近平：《深入理解新发展理念，推进供给侧结构性改革》，载《习近平著作选读》（第1卷），人民出版社2023年版，第443页。

　　〔4〕习近平：《关于构建新发展格局》，载《习近平著作选读》（第2卷），人民出版社2023年版，第372页。

新发展格局的关键在于经济循环的畅通无阻。"[1]"在经济循环中，实体经济供求循环发挥着基础性作用，这一循环畅通，经济就不会出大问题。"[2]这就是在《经济法典》"分则"中设置"供求循环"这一法律制度板块、统筹国内和涉外经济法治的理论依据和实践基础，反映了对经济法的新设计。

现行统计口径，国内生产总值（GDP）仍按"三驾马车"情况统计。2023 年，最终消费支出拉动国内生产总值增长 4.3%，资本形成总额拉动国内生产总值增长 1.5%，货物和服务净出口向下拉动国内生产总值 0.6%。《经济法典》"分则"部分设计"供求循环"这一编，正是为着回应"三驾马车"作为发展动力的法律要求。

"供求循环法律制度板块"调整因需求牵引供给和供给创造需求而产生的、发挥动态平衡作用层面的经济关系。"供求循环法律制度"对应和对接"总则"的经济发展权，构成国民经济在法治轨道上运行的制度系统中的第三板块，即未来《经济法典》"分则"第三编（参见表 20-1）。

表 20-1　"分则"与"总则"在供求循环板块的逻辑衔接梳理

总则条目	分则编名	分则章名
第三板块：供求循环制度的调整范围	供求循环	
消费法律制度（1 条）		消费法律制度
投资法律制度（1 条）		投资法律制度
对外经济开放法律制度（1 条）		对外经济开放法律制度

现行设计，供求循环法律制度板块列为两个分编。第一分编为国内循环，立足本土；第二分编为国际循环，放眼全球。（参见表 20-2）

---

[1] 习近平：《把握新发展阶段，贯彻新发展理念，构建新发展格局》，载《习近平著作选读》（第 2 卷），人民出版社 2023 年版，第 411 页。

[2] 习近平：《服务实体经济，防范金融风险》，载《习近平著作选读》（第 1 卷），人民出版社 2023 年版，第 614 页。

表 20-2　供求循环法律制度板块之现行经济法律列举

板块内容	法律列举
（一）消费法律制度	1.《反食品浪费法》（2021 年）
（二）投资法律制度	2.《外商投资法》（2019 年） 3.《台湾同胞投资保护法》（2019 年修正）
（三）对外经济开放法律制度	4.《对外关系法》（2023 年） 5.《反外国制裁法》（2021 年） 6.《海关法》（2021 年修正） 7.《对外贸易法》（2022 年修正） 8.《出口管制法》（2020 年） 9.《进出口商品检验法》（2021 年修正） 10.《进出境动植物检疫法》（2009 年修正） 11.《海南自由贸易港法》（2021 年） 12.《外国中央银行财产司法强制措施豁免法》（2005 年） 13.《第五届全国人民代表大会常务委员会关于批准〈广东省经济特区条例〉的决议》（1980 年）

本编由以下两个方面的内容组成。

第一节　国内经济循环

一、消费

中国现有 14 亿人口，是世界上最具潜力的消费大市场。广义的消费，其内容还包括消费者权益保护。鉴于消费者权益保护的特殊性，在第一制度板块中已作单列。消费对推动国民经济发展具有拉动作用，被称为拉动经济发展的"三驾马车"之一。消费要合理、适度，提倡节约，反对浪费。消费包括国内市场，也包括国际市场。2021 年 7 月，经国务院批准，在上海、北京、广州、天津、重庆，率先开展国际消费中心城市建设。《经济法典》"分则"设立"消费法律制度"，合乎主题主线，恰逢其时。

二、投资

提高投资对经济发展的影响，发挥投资对优化供给结构的关键性作用，促进向关系国民经济命脉和国家安全的领域倾斜，补齐国计民生短板。投资对优化国民经济供给结构具有关键性作用，被称为拉动经济发展的"三驾马车"之一。落实政府投资决策，促进政府投资实施。提高社会投资主体的自主地位，强化社会投资与经营的关联。探究政府和社会资本合作（PPP）协议中的私法因素和公法因素，优化 PPP 权益分配。鉴于投资法的重要性，经济法体系中不能没有投资法。

第二节　国际经济循环

一、优化对外开放总体格局

国家坚持对外开放的基本国策，实施更大范围、更宽领域、更深层次的对外经济开放，增强参与国际经济合作和竞争优势，开拓合作共赢新局面。出口与消费、投资一起，被称为推动经济发展的"三驾马车"。完善对外贸易基本制度，提升对外货物贸易，增强对外服务贸易，规范对外技术贸易。实施全国数十个自由贸易区的统一政策，促进全国数十个自由贸易区的自主创新，推进海南自由贸易港建设。

继续办好中国进出口商品交易会、中国国际进口博览会，这是国际贸易发展史上的创举。

二、共建"一带一路"

"一带一路"指"丝绸之路经济带"和"21 世纪海上丝绸之路"，是中国政府提出的国家级顶层合作倡议。促进"一带一路"建设，发展多种类型的具体合作。促进"一带一路"规则协调，实现政策、规则、标准联通，拓展规则对接领域。加强"一带一路"建设保障，健全"一带一路"风险防控和安全保障体系。

三、参与全球经济治理

中国政府倡议推动构建人类命运共同体，国际经济合作是重要一环。因应全球发展倡议、全球安全倡议、全球文明倡议，促进国际经济循环，寻找全球经济有效治理之道。参与经济全球化、区域经济一体化，履行中国的国际经济义务，规范对外援助。

中国坚持多边主义，反对霸权掠夺。

中国始终做世界和平的建设者、全球发展的贡献者、国际秩序的维护者和公共产品的提供者。

四、国内循环、国际循环相互促进

经济领域，也要体现爱国主义和国际主义的结合。立足国内经济循环，充分利用全球市场、资源，内促外联，国际经济循环实现综合平衡、动态平衡，提高国际影响力，提升中国在国际经济发展事务中的制度话语权，共建创新包容的开放型世界经济。通过国内循环、国际循环相互促进，综合应用各类发展要素，消费、投资、出口"三驾马车"协同发展，最大限度发挥供求循环的制度功能。

过去经济法学中没有"供求循环法"这一构想，如今加以补正，专设制度板块，反映了对现代经济法的新认识。

第二十一章

消费法律制度

消费是指为满足生活、生产的需要而消耗物质财富，属于社会再生产过程中的最终环节。

党的二十大强调，增强消费对经济发展的基础性作用和投资对优化供给结构的关键作用。

消费制度，基本素材可见之于《宪法》相关内容，《反食品浪费法》等经济法律。

与《经济法典》"总则"消费法律制度总体条文相呼应，现探讨本章的具体制度设计。

第一节　消费对经济发展的基础性作用

《中共中央、国务院关于完善促进消费体制机制 进一步激发居民消费潜力的若干意见》（2018 年）提出促进消费。中共中央、国务院印发《扩大内需战略规划纲要（2022-2035 年）》，提出全面促进消费。2023 年，全国居民人均消费支出比上年增长 9.2%，实际增长 9%。促进消费提档升级，规定消费的地位和作用。

立法建议如下：

第 586 条 ［消费的地位和作用］

释放消费潜力，促进消费稳定增长，发挥消费对经济发展的基础性作用。

第二节　促进消费

一、提升传统消费

经济法以法的形式表达国民经济。站在全局的角度，先要考察国民总收入与积累、消费的关系。国民总收入，原称国民生产总值，是指一个国家（或地区）所有常住单位在一定时期内所获得的初次分配收入总额，等于国内生产总值加上来自国外的初次分配收入净额。国民总收入用作扩大再生产部分，称为积累；用作居民生活消耗部分，称为消费，实际上，消费属于社会再生产的最终环节。这种综合平衡，是经济学上的高峰，也是经济法上的高端。《宪法》作出了原则性规定："国家合理安排积累和消费，兼顾国家、集体和个人的利益，在发展生产的基础上，逐步改善人民的物质生活和文化生活。"《经济法典》应当贯彻和落实这一重要任务。遗憾的是，我们对"积累和消费的关系"，了解不多，关注不够，这种状况亟待改变。

立法建议如下：

第 587 条 ［积累与消费的关系］

国家合理安排积累和消费，将扩大再生产和改善民生置于同等地位，在发展生产的基础上逐步改善人民生活。

扩大国内需求，推动国民经济实现良性循环。

14 亿人口的大国，吃饭是第一件大事，提高饮食这一基本消费品质，作出规定。

立法建议如下：

第 588 条 ［饮食消费］

倡导健康饮食结构，增加健康、营养农产品和食品供给，保障家庭饮食消费，促进餐饮业健康发展。

从日用需求出发，满足中高端消费品消费，规定日用消费制度。

立法建议如下：

第 589 条 ［日用消费］

保障基本日用品供给，发展中高端日用消费品民族品牌，促进免税日用品有序发展。

推行在自愿基础上消费品以旧换新。

围绕城市居住消费需求，促进居住消费健康发展，规定居住消费制度。
立法建议如下：

第 590 条 ［居住消费］

优化住房消费模式，因地制宜发展共有产权住房，完善长租房制度。提升自主住房改造，增加智能家居消费，促进耐用消费品以旧换新，推进无障碍居住设施建设。

释放出行消费潜力，提高出行便利度，设立出行消费制度。
立法建议如下：

第 591 条 ［出行消费］

优化城市交通网络布局，大力发展智慧交通。推进汽车电动化、网联化、智能化，加强停车场、充电桩、换电站等配套设施建设。

二、壮大消费新增长点

促进信息消费提档升级，加快数字经济发展，规定信息产品消费制度。
立法建议如下：

第 592 条 ［信息产品消费］

提升新型信息产品供给体系质量，拓展信息消费新产品、新业态、新模式。升级智能化、高端化、融合化信息产品，发展新型信息产品、前沿信息消费产品、便民惠民生活类信息消费。

促进服务消费，提升服务消费质量，规定服务消费制度。

立法建议如下：

第 593 条 ［服务消费］

拓展个性化、定制化旅游服务，释放航空消费潜力。发展全科医疗服务，增加专科医疗等细分服务领域有效供给。完善特殊教育、专门教育保障机制，规范校外教育培训行为。发展在线健身、线上赛事等新业态，推进冰雪运动。发展员工制家政企业，构建全生活链服务体系，发展家庭管家等高端家政服务。

倡导绿色低碳生活，提升生活品质，规定绿色消费制度。

立法建议如下：

第 594 条 ［绿色消费］

健全绿色低碳产品推广机制，完善绿色采购制度，发展绿色建筑，健全绿色产品认证体系，创新生态产品消费机制，规范发展产品回收利用行业。

促进共享经济发展，支持和引导新的生活方式健康发展，对共享经济作出规定。

立法建议如下：

第 595 条 ［共享经济］

发展共享经济，拓展共享生活、共享生产新空间，完善共享产品标准，鼓励共享消费。

发展新经济业态，支持线上、平台的个体经济发展，对新经济业态作出规定。

立法建议如下：

第 596 条 ［新经济业态］

发展新经济业态，支持社交电商、网络直播、短视频、时尚创意等多样化经营模式，促进新型消费。

三、疏通消费渠道

加快线上消费，推动农村消费梯次升级，对线下线上融合发展作出规定。
立法建议如下：

第597条［线下线上消费融合发展］

研发智能化产品，支持自动驾驶、无人配送等技术应用。发展智慧超市、智慧商店、智慧餐厅等新零售业态。推动教育培训、医疗健康、养老托育、文旅体育等消费提质扩容，加快线上线下融合发展。完善城乡融合消费网络，推动电子商务进农村。

适当增加公共消费，提高公共服务水平，对公共消费作出规定。
立法建议如下：

第598条［公共消费］

合理增加公共消费，扩大普惠性非基本公共服务供给，提高教育、医疗、养老、育幼等公共服务支出效率，拓展多样化综合救助方式。

节假日是公众便于消费、乐于消费的重要时段，是刺激消费的重要环节，专作规定。
立法建议如下：

第599条［假日经济］

发展假日经济，拉动节假日出游、休闲、娱乐、购物需求，促进假日消费。

建设国际消费中心城市，集聚国际消费资源，专作规定。
立法建议如下：

第600条［国际消费中心城市］

建设国际消费中心城市，发展标志性国际商圈。

四、放心消费行动

为革新消费评价模式，促进放心消费，对放心消费行动作出规定。

立法建议如下：

第601条［放心消费行动］

实施放心消费行动。建立健全消费环境、消费品监测评价体系，完善跟踪反馈评估体系，分领域设立服务后评价标准体系。

第三节　反对浪费

一、反粮食浪费

中共中央办公厅、国务院办公厅印发《粮食节约行动方案》（2021年），规定反粮食浪费的举措。为鼓励粮食生产节约，减少生产环节浪费，就粮食生产角度规定反浪费措施。

立法建议如下：

第602条［反粮食生产浪费］

粮食生产者应当减少播种、田间管理、收获等环节的粮食损失，禁止故意毁坏粮食作物青苗。引导科学收获、储存粮食，减少产后损失。

鼓励粮食储存节约，减少储存环节浪费，就粮食储存角度规定反浪费措施。

立法建议如下：

第603条［反粮食储存浪费］

引导农户科学储粮，推动粮仓设施分类分级和节约管理。

鼓励粮食运输节约，减少运输环节浪费，就粮食运输角度规定反浪费措施。

立法建议如下：

第 604 条 ［反粮食运输浪费］

推广粮食专用运输模式和集疏运体系，健全多式联运高效减损物流制度。

鼓励粮食加工节约，减少加工环节浪费，就粮食加工角度规定反浪费措施。

立法建议如下：

第 605 条 ［反粮食加工浪费］

提高粮食加工转化率，有效利用粮食加工副产物。

遏制餐饮环节"舌尖上的浪费"，决不是个人生活小事，已列入"中央八项规定"管理范围。鼓励粮食消费节约，减少消费环节浪费，就粮食消费角度规定反浪费措施。

立法建议如下：

第 606 条 ［反粮食消费浪费］

完善饮食行业粮食消费统计、节约提示、奖惩制度，开展粮食节约实践教育活动。鼓励家庭制定粮食合理消费计划。鼓励单位食堂、学校食堂反粮食浪费，推广光盘行动。

二、反其他物品浪费

反生产物品浪费，鼓励综合利用，规定举措。

立法建议如下：

第 607 条 ［反其他生产物品浪费］

引导生产物品适度加工和综合利用，避免过度加工和过量使用原材料。

反生活用品浪费，是法律上作出的个人素养要求。

立法建议如下：

第608条 [反生活用品浪费]

减少家庭和个人生活用品浪费，提高生活用品综合利用率。

三、控制公务消费

根据不同公务活动进行针对性规定，依法依规减少行政成本。

立法建议如下：

第609条 [减少行政成本]

机关事务管理部门建立反浪费工作检查、评估和通报制度，将反浪费纳入年度考核内容。完善国内差旅和因公出国审批、经费管理制度，规范公务用车、办公用房制度。

依法控制公务消费，严格掌握公务开支标准。

立法建议如下：

第610条 [控制公务开支]

落实公务接待、会议、培训等公务消费规范，节俭安排用餐、住宿、交通，不得超过规定标准。

第二十二章

投资法律制度

投资是指把资产（资金）投入经济发展和社会建设，属于社会再生产过程中的启动和推进环节。

党的二十大强调，增强消费对经济发展的基础性作用和投资对优化供给结构的关键作用。因此，"消费"一章之后，接着安排"投资"专章。

投资制度，基本素材可见之于《宪法》相关内容，《外商投资法》《台湾同胞投资保护法》等经济法律和《政府投资条例》《防范和处置非法集资条例》等经济法规。

与《经济法典》"总则"投资法律制度总体条文相呼应，现探讨本章的具体制度设计，而外商投资放置下一章之中。

第一节　投资对优化供给结构的关键作用

一、投资的地位和作用

资本是进行生产和扩大再生产的基础条件。"我们要探索如何在社会主义市场经济条件下发挥资本的积极作用，同时有效控制资本的消极作用。"[1]2023年，全年全社会固定资产投资比上年增长2.8%。为有效利用各类资本，促进投资发展，专设规定。

立法建议如下：

---

〔1〕 习近平：《正确认识和把握我国发展重大理论和实践问题》，载《习近平著作选读》（第2卷），人民出版社2023年版，第576页。

第611条 ［投资的地位和作用］

优化投资环境，扩大有效投资，发挥投资对优化供给结构的关键作用。

二、防范和处理非法集资

应对非法集资风险，维护社会稳定，规定非法集资防范机制。
立法建议如下：

第612条 ［非法集资防范］

建立非法集资监测预警机制，纳入社会治安综合治理体系。关注企业、个体工商户名称和经营范围中与集资相关的字样或者内容。及时依法查处非法集资广告、互联网服务，执行大额交易和可疑交易报告制度。

对涉嫌非法集资的行为，应及时进行调查认定，规定非法集资查处机制。
立法建议如下：

第613条 ［非法集资查处］

处置非法集资牵头部门组织调查涉嫌非法集资行为，可以采取调查取证、询问、查阅复制、封存、查询账户等措施。

非法集资处置部门有权要求暂停集资行为，暂停办理设立、变更或者注销登记，责令立即停止有关非法活动，及时将案件移送公安机关。

对非法集资组织者必须依法严惩。

非法集资人、非法集资协助人应当向集资参与人清退集资资金。

第二节　政府投资

一、政府投资

规范政府投资行为，发挥政府投资功能，对政府投资作出界定。
立法建议如下：

第 614 条 〔政府投资〕

政府投资，是指在中国境内使用预算安排的资金进行固定资产投资建设活动，包括新建、扩建、改建、技术改造等。

政府投资必须坚持合理、有效原则，防止重复投资、无效投资。禁止不务实际的形象工程。

优化政府投资环境，向关系国民经济命脉的领域倾斜，作出规定。

立法建议如下：

第 615 条 〔国民经济命脉投资〕

政府投资面向国民经济命脉，推进公共交通、生态系统保护修复、公共卫生应急、防洪减灾、外层空间探索等重大项目建设，服务国家重大战略。

把握国计民生领域急需，通过政府投资补齐相关短板，作出规定。

立法建议如下：

第 616 条 〔国计民生短板投资〕

加快补齐基础设施、市政工程、公共安全、物资储备、防灾减灾等国计民生领域短板，扩大国计民生战略性产业投资。

布局新型基础设施，覆盖数字科技各领域，打造未来创新高地，作出规定。

立法建议如下：

第 617 条 〔新型基础设施投资〕

投资物联网、工业互联网、卫星互联网建设，推动数字科技基础设施与交通物流、生态环保、应急服务等深度融合，适度超前投资前沿科技基础设施。

二、政府投资决策

实施政府投资年度计划，提高政府投资决策水平，作出规定。

立法建议如下：

第 618 条［政府投资年度计划］

政府投资年度计划应当明确项目名称、建设内容及规模、建设工期、项目总投资、年度投资额、资金来源等事项，和本级预算相衔接。

简化政府投资审批程序，规范投资项目运行，设立投资审批制度。
立法建议如下：

第 619 条［投资审批］

项目单位应当编制项目建议书、可行性研究报告、初步设计，报投资主管部门或者其他有关部门审批。对相关规划中已经明确的项目、部分扩建改建项目、小项目、突发事件需要紧急建设的项目可以简化审批程序。对政府投资项目不予批准的，应当书面通知项目单位并说明理由。

三、政府投资实施

符合建设条件，保障投资安全，作出规定。
立法建议如下：

第 620 条［符合建设条件］

政府投资项目，依法办理开工报告审批手续后方可开工建设。政府投资项目应当按照建设地点、建设规模、建设内容实施，发生较大变更情形应当依法报原审批部门审批。

保障资金到位，确保投资项目顺利运行，对资金到位问题作出规定。
立法建议如下：

第 621 条［资金到位］

政府投资资金按项目安排，以直接投资方式为主；对确需支持的经营性项目，主要采取资本金注入方式，也可以适当采取投资补助、贷款贴息等方式。

引入后评价制度，在建成之后全面评价政府投资项目成效。

立法建议如下：

第622条［项目后评价］

委托中介服务机构对政府投资项目进行后评价。后评价应当根据项目建成后的实际效果，对项目全生命周期进行全面评价并提出明确意见。

第三节　社会投资

一、社会投资

规范社会投资行为，发挥社会资本功能，对社会投资作出界定。

立法建议如下：

第623条［社会投资］

社会投资，是指使用社会资本进行固定资产投资建设活动，包括新建、扩建、改建、技术改造等。

保障社会投资的自主地位，健全投资项目谋划、储备、推进机制。

二、社会投资决策

为鼓励社会投资，提高收益水平，规定立项选择制度。

立法建议如下：

第624条［立项选择］

明确鼓励社会资本参与的重点行业，健全吸引社会资本投资项目清单、特许经营项目清单制度。

三、社会投资实施

设计自身盘活、对外盘活两种形式，鼓励社会投资积极盘活存量资产，作出规定。

立法建议如下：

第 625 条 ［盘活存量资产］

鼓励民营企业通过产权交易、并购重组、不良资产收购处置等方式优化自身资产，加强存量资产整合。支持社会投资项目参与盘活国有存量资产，参与基础设施领域不动产投资信托基金，有效利用城市老旧资源，因地制宜进行综合开发。

第四节　政府和社会资本合作（PPP）

一、PPP 协议的性质

为推动 PPP 模式发展，加强政府和社会资本合作，对 PPP 协议中的私法因素和公法因素作出规定。

立法建议如下：

第 626 条 ［政府和社会资本合作（PPP 协议）］

在政府和社会资本合作中，双方订立协议明确各自的权利和义务，由社会资本方负责投资、建设、运营，并通过使用者付费、政府付费、政府提供补助等方式获得合理收益。

依法规范 PPP 经营权，妥善处置不可抗力问题，规定 PPP 经营权。

立法建议如下：

第 627 条 ［PPP 经营权］

社会资本方应当提供持续、安全的公共服务。合作项目的设施、设备以及土地使用权、项目收益权和融资款项不得用于实施合作项目以外的用途。因不可抗力，社会资本方严重违约危害公共利益，被依法征收、征用合作项目财产等原因，可以提前终止合作项目协议。

规范 PPP 监督，妥善处置突发事件、协议提前终止等情形，规定 PPP 监督权。
立法建议如下：

第 628 条 [PPP 监督权]

有关部门实施监督检查，有权采取检查、检验、监测、查阅、复制、要求说明等措施。定期对合作项目建设、运营情况进行监测分析和绩效评价，及时调整政策措施。

突发事件发生后，立即启动应急预案，采取相应的防护措施，组织抢修。合作项目协议提前终止的，政府有关部门应当采取有效措施，保证公共服务的正常提供，必要时可以临时接管合作项目。

二、PPP 权益分配

优化 PPP 权益分配，完善风险分担，保障各方当事人的合法权益，规定 PPP 权益分配机制。
立法建议如下：

第 629 条 [PPP 权益分配]

合作项目协议应当载明社会资本方取得收益的方式、标准和风险分担。合作项目协议中不得约定由政府回购社会资本方投资本金或者承担社会资本方投资本金的损失，不得约定社会资本方的最低收益以及由政府为合作项目融资提供担保。

三、PPP 纠纷处理

加强 PPP 纠纷处理，保障公共服务持续提供，作出规定。
立法建议如下：

第 630 条 [PPP 纠纷处理]

PPP 履行发生争议的，协议双方协商解决，签订补充协议，可以依法申请仲裁或者向人民法院提起诉讼。

第二分编　国际循环

第二十三章

对外经济开放法律制度

现代社会已进入经济全球化。认识现实，方能采取合适的对策。

对外开放主要指经济上对外开放，属于基本国策之一。党的二十大强调，推进高水平对外开放。

必须正确认识和准确把握中国与世界的关系。第一，"中国发展离不开世界，世界发展也需要中国"。[1]第二，"经济全球化是社会生产力发展的客观要求和科技进步的必然结果"，但"经济全球化是一把'双刃剑'"。[2]第三，我们要"引导好经济全球化走向"。[3]第四，"我们要深刻认识资本主义社会的自我调节能力，充分估计到西方发达国家在经济军事科技方面长期占据优势的客观现实，认真做好两种社会制度长期合作和斗争的各方面准备"。[4]第五，党的十九大已提出，"加快培育国际经济合作和竞争新优势"。由此可见，"合作和斗争""合作和竞争"，这是中国走向世界的必由之路，也是《经济法典》的必然选择。

处理涉外经济关系，必然发生适用法律问题，这就要援引涉外经济法、

---

〔1〕 习近平：《新征程是充满光荣和梦想的远征》，载《习近平著作选读》（第 2 卷），人民出版社 2023 年版，第 613 页。

〔2〕 习近平：《引导好经济全球化走向》，载《习近平著作选读》（第 1 卷），人民出版社 2023 年版，第 554 页。

〔3〕 习近平：《引导好经济全球化走向》，载《习近平著作选读》（第 1 卷），人民出版社 2023 年版，第 553 页。

〔4〕 习近平：《关于坚持和发展中国特色社会主义的几个问题》，载《习近平著作选读》（第 1 卷），人民出版社 2023 年版，第 84 页。

国际经济法的概念。芮沐教授主张，所谓国际经济法，从一国的立场出发，主要部分即是它自己的涉外经济法。他指出："国际经济法的最大特点，在于处理国际经济关系时，要考虑三方面的法律或规范的作用：一是占主要方面的我国自己的立法；其次是有关国家的法律；三是我国所承认的或曾参与其事的可以适用于有关国际经济关系的国际规范。"[1]《经济法典》在设计这一方面的规范时，这种意见值得尊重。

对外经济开放制度，基本素材可见之于《宪法》相关内容，《对外关系法》《反外国制裁法》相关内容，《海关法》《对外贸易法》《出口管制法》《进出口商品检验法》《进出境动植物检疫法》《海南自由贸易港法》等经济法律和《货物进出口管理条例》《技术进出口管理条例》《反倾销条例》《反补贴条例》《保障措施条例》等经济法规。

与《经济法典》"总则"对外经济开放法律制度总体条文相呼应，现探讨本章的具体制度设计。

第一节 对外开放国策

一、对外开放的地位和作用

《中共中央、国务院关于新时代加快完善社会主义市场经济体制的意见》（2020 年）提出建设更高水平开放型经济新体制。为有效利用国际市场、国际资源，促进对外开放，专作规定。

立法建议如下：

第 631 条 ［对外开放的地位和作用］

国家坚持对外开放基本国策，扩大高水平对外开放，发展高质量开放型经济，促进中国与世界各国、各地互通有无、互利共赢。

二、国际合作和竞争新优势

以统一大市场为支撑，增强在全球产业链供应链创新链中的影响力，对

---

[1] 芮沐：《经济法概述》，载芮沐：《芮沐文集》，北京大学出版社 2020 年版，第 316 页。

培育国际合作和竞争新优势作出规定。

立法建议如下：

第632条［培育国际合作和竞争新优势］

有效利用全球生产要素和市场资源，使国内市场与国际市场更好联通，培养国际合作和竞争新优势。

对外经济开放是货物、服务、技术、投资等层面，也要通过推进制度型开放提高水平，对制度型开放作出规定。

立法建议如下：

第633条［制度型开放］

国家鼓励企业主动对接高标准国际经贸规则，稳步扩大规则、规制、管理、标准等制度型开放，实现高水平制度型开放。

第二节　外　贸

一、对外贸易基本制度

实行统一的对外贸易制度，鼓励发展对外贸易，保护对外贸易经营者的合法权益，维护国家利益，规定对外贸易制度。

立法建议如下：

第634条［对外贸易制度］

国家实行统一的对外贸易制度，鼓励发展对外贸易，维护公平、自由的对外贸易秩序。根据所缔结或者参加的国际条约、协定，给予最惠国待遇、国民待遇，或者根据互惠、对等原则给予最惠国待遇、国民待遇。

完善内外贸一体化调控体系，促进进口来源多元化，优化出口商品质量和结构。

维护对外贸易秩序，是实现国内国际双循环的基本要求，作出规定。

立法建议如下：

第 635 条 ［对外贸易秩序］

维护公平、自由的对外贸易秩序，实施对外贸易负面清单，实现进出口平衡。

加强对外贸易调查，维护对外贸易秩序，规定调查制度。

立法建议如下：

第 636 条 ［对外贸易调查］

国家对外贸易主管部门可以自行或者会同国务院其他有关部门，依法就国内产业及其竞争力影响、贸易壁垒、对外贸易救济措施、国家安全利益事项等展开调查。对外贸易调查可以采取书面问卷、召开听证会、实地调查、委托调查等方式进行。有关单位和个人应当对对外贸易调查给予配合、协助。

二、对外货物贸易

2023 年，全年货物进出口总额比上年增长 0.2%。维护货物进出口秩序，提高货物进出口贸易便利度，规定货物进出口贸易制度。

立法建议如下：

第 637 条 ［货物进出口贸易］

鼓励、促进、保障货物进出口贸易，加强货物进出口贸易监测、评估，促进货物进出口贸易转型升级。

扩大对外开放，加强货物进口管理，维护货物进口秩序，规定货物进口管理制度。

立法建议如下：

第 638 条 ［货物进口管理］

进口属于自由进口的货物，不受限制。

国家规定有数量限制的限制进口货物，实行配额管理；其他限制进口货物，实行许可证管理。

属于关税配额内进口的货物，按照配额内税率缴纳关税；属于关税配额外进口的货物，按照配额外税率缴纳关税。

属于禁止进口的货物，不得进口。

出口是推动经济发展的三驾马车之一，应当鼓励、促进、保障货物出口，加强对外货物贸易合作，作出规定。

立法建议如下：

第 639 条 ［货物出口管理］

出口属于自由出口的货物，不受限制。

国家规定有数量限制的限制出口货物，实行配额管理；其他限制出口货物，实行许可证管理。

属于禁止出口的货物，不得出口。

三、对外服务贸易

2023 年，全年服务进出口总额比上年增长 10%。创新发展对外服务贸易，聚焦新兴领域，规定对外服务贸易制度。

立法建议如下：

第 640 条 ［对外服务贸易］

优化服务贸易行业结构，发展新兴服务贸易。促进服务贸易数字化，发展数字贸易。强化与主要服务贸易伙伴合作，完善服务贸易国际合作促进机制。

扩大对外开放，加强服务输入管理，规定服务输入管理制度。

立法建议如下：

第 641 条 ［服务输入管理］

国家鼓励优质服务输入。

属于限制输入的服务，应当加强管理；未经许可，不得输入。

属于禁止输入的服务，不得输入。

加强服务输出管理，加强对外服务交流合作，规定服务输出管理制度。立法建议如下：

第642条 [服务输出管理]

国家鼓励先进、适用的服务输出。
属于限制输出的服务，应当加强管理；未经许可，不得输出。

四、对外技术贸易

加快发展技术贸易，提升技术领域的全球竞争力，规定技术贸易制度。立法建议如下：

第643条 [对外技术贸易]

促进对外技术贸易，发展技术贸易展览会、展销会、博览会、交易会等，发展国际技术贸易中心、跨境技术交易应用示范，提升全球配置技术要素能力。

加强技术进口管理，引进急需技术，规定技术进口管理制度。立法建议如下：

第644条 [技术进口管理]

国家鼓励先进、适用的技术进口。
属于限制进口的技术，实行许可证管理；未经许可，不得进口。
属于禁止进口的技术，不得进口。

加强技术出口管理，加强对外技术交流合作，规定技术出口管理制度。立法建议如下：

第645条 [技术出口管理]

国家鼓励成熟的产业化技术出口。

属于限制出口的技术，实行许可证管理；未经许可，不得出口。

属于禁止出口的技术，不得出口。

五、对外贸易措施

维护对外贸易秩序和公平竞争，有效应对倾销行为，规定反倾销措施。

立法建议如下：

第 646 条 ［反倾销］

在正常贸易过程中进口产品以低于其正常价值的出口价格进入中国市场，对已经建立的国内产业造成实质损害或者产生实质损害威胁，或者对建立国内产业造成实质阻碍，应当采取反倾销措施。

反倾销具体措施包括临时反倾销措施、价格承诺、反倾销税等。

维护对外贸易秩序和公平竞争，有效应对补贴行为，规定反补贴措施。

立法建议如下：

第 647 条 ［反补贴］

出口国（地区）政府或者其任何公共机构提供的并为接受者带来利益的财政资助以及任何形式的收入或者价格支持，对已经建立的国内产业造成实质损害或者产生实质损害威胁，或者对建立国内产业造成实质阻碍，应当采取反补贴措施。

反补贴具体措施包括临时措施、承诺、反补贴税等。

促进对外贸易健康发展，针对进口产品数量增加造成损害，规定保障措施。

立法建议如下：

第 648 条 ［保障措施］

进口产品数量的绝对增加或者与国内生产相比的相对增加，对生产同类产品或者直接竞争产品的国内产业造成严重损害或者严重损害威胁，应当采取保障措施。

临时保障措施，采取提高关税的形式。一般保障措施，可以采取提高关税、数量限制等形式。

规范进出口商品检验行为，维护对外贸易秩序，维护国家安全和社会公共利益，规定进出口商品检验制度。

立法建议如下：

第 649 条 ［进出口商品检验］

进出口商品检验机构实施进出口商品检验。进口商品未经检验的，不准销售、使用；出口商品未经检验合格的，不准出口。

加强海关监管，促进对外贸易，对海关监管作出规定。

立法建议如下：

第 650 条 ［海关监管］

海关对货物进出境加强监管，依法查缉走私。

第三节 外 资

一、引进外资

为更大力度吸引和利用外资，全面优化外商投资服务，规定外商投资促进制度。

立法建议如下：

第 651 条 ［外商投资促进］

外商投资企业依法平等适用国家支持企业发展的各项政策。

吸引和利用外资，有序推进电信、互联网、教育、文化、医疗等领域相关业务开放。支持外资加大高端制造、高新技术、现代服务等领域和中西部地区投资。国家保障外商投资企业依法通过公平竞争参与政府采购活动。

积极促进外商投资，保护外商投资合法权益，规定外商投资保护制度。

立法建议如下：

第 652 条 ［外商投资保护］

国家对外国投资者的投资不实行征收。在特殊情况下，国家为了公共利益的需要，可以依照法律规定对外国投资者的投资实行征收或者征用，并及时给予公平、合理的补偿。

外国投资者在中国境内所得可以依法以人民币或者外汇自由汇入、汇出。

国家保护外国投资者和外商投资企业的知识产权，鼓励开展技术合作，依法保护商业秘密。

及时处理外商投资企业或者其投资者反映的问题，依法申请行政复议、提起行政诉讼。

准入前国民待遇，指在投资准入阶段给予外国投资者及其投资不低于本国投资者及其投资的待遇。为实施准入前国民待遇加负面清单管理制度，规范外商投资行为，实施积极有效的管理措施。

立法建议如下：

第 653 条 ［外商投资管理］

外商投资准入负面清单规定禁止投资的领域，外国投资者不得投资；规定限制投资的领域，按照负面清单规定的条件执行；外商投资准入负面清单以外的领域，按照内外资一致的原则实施管理。

外国投资者并购中国境内企业或者以其他方式参与经营者集中的，应当依法接受经营者集中审查。

外国投资者或者外商投资企业应当通过法定系统向商务主管部门报送投资信息。

对影响或者可能影响国家安全的外商投资进行安全审查，依法作出的安全审查决定为最终决定。

坚持平等互利原则，维护国家利益，保障投资安全，设立投资对等措施。

立法建议如下：

第654条〔投资对等措施〕

任何国家或者地区在投资方面对中国采取歧视性的禁止、限制或者其他类似措施的，中国可以根据实际情况对该国家或者该地区采取相应的措施。

二、对外投资

高效利用全球投资空间，正确处理引进外资与对外投资的关系，规定对外投资鼓励制度。

立法建议如下：

第655条〔对外投资鼓励〕

优化境外投资结构，健全境外投资服务体系。推进多双边投资合作机制建设，创新对外投资合作方式，鼓励中小企业开展对外投资合作，建设海外基地、海外研发中心。

推进对外投资便利化，促进引进外资和对外投资平衡，促进对外投资、对外贸易的有机统一。

加强对外投资监管，保障对外投资安全，规定对外投资监管制度。

立法建议如下：

第656条〔对外投资监管〕

以备案制为主，下放对外投资审批权限。健全全口径外债监管体系，完善对外投资分类分级监管体系。加强对外投资的政治、经济、知识产权风险预警、风险提示。

加强对外投资服务，尤其重视自贸区的对外投资服务，规定对外投资服务制度。

立法建议如下：

第657条〔对外投资服务〕

为对外投资提供金融、会计、审计、律师、咨询等综合服务。完善对外投资综合服务体系，建设国家级对外投资服务平台。

对外投资保证、保险对企业对外投资的保障作用很大，进行相应规定。立法建议如下：

第658条 [对外投资保证、保险]

健全对外投资保证、保险机制，为企业对外投资提供综合保障服务。

规范对外承包工程，加快对外承包工程发展，规定对外承包工程制度。立法建议如下：

第659条 [对外承包工程]

国家鼓励开展对外承包工程，提高对外承包工程质量，加强风险管理、权益保障。

第四节　自由贸易区（贸易港）

一、自由贸易区的规定

推动对外开放，大力发展自由贸易区，完善自贸区的统一规定。立法建议如下：

第660条 [自由贸易区统一规定]

国家设置自由贸易区工作办公室和片区管理机构。

自由贸易区对外商投资实行准入前国民待遇加负面清单管理模式，负面清单外的领域实行备案制。实行以事中事后监管为主的动态市场监管方式，实行一次申报、一次办结的单一窗口服务模式，加快建设电子口岸，提高海关通关、检验检疫效率。

自由贸易区必须自主创新、积极探索，走出各具特色的发展路径。立法建议如下：

第661条 [自由贸易区自主创新]

根据自由贸易区的特点和实际，发展特色产业，向价值链高端发展。鼓励企业在自由贸易区设立全球总部、亚太总部等，建立全球营运中心。

二、海南自由贸易港

促进海南自由贸易港的货物贸易、服务、投资自由便利，加快产业发展，作出规定。

立法建议如下：

第662条 [海南自由贸易港]

在境外与海南自由贸易港之间，货物、物品可以自由进出，海关依法进行监管，列入禁止、限制进出口清单的除外。

海南自由贸易港对跨境服务贸易实行负面清单管理制度，实施配套的资金支付和转移制度。对清单之外的跨境服务贸易，按照内外一致的原则管理。

放开投资准入，涉及国家安全、社会稳定、生态保护红线、重大公共利益等国家实行准入管理的领域除外。

发展热带农业、海洋服务、休闲旅游、高新技术等特色产业，推进国际旅游消费中心建设。

第五节　"一带一路"共建

一、"一带一路"建设

加快"一带一路"建设，推动构建人类命运共同体，专设推动"一带一路"发展的综合性条款。

立法建议如下：

第663条 ["一带一路"建设]

加强"一带一路"建设，以共商、共建、共享为原则，促进共同发展、实现共同繁荣。

在"一带一路"建设中加强贸易合作，发展丝路贸易，规定"一带一路"贸易合作制度。

立法建议如下：

第664条 ["一带一路"贸易合作]

推进贸易数字化，积极发展丝路电商，完善边境贸易支持，发展绿色贸易，健全"一带一路"贸易合作制度。

在"一带一路"建设中加强投资合作，规定"一带一路"投资合作制度。

立法建议如下：

第665条 ["一带一路"投资合作]

拓宽吸引外资渠道，完善外资项目建设推进机制，优化丝路投资促进评价，支持投资国家鼓励发展领域，健全"一带一路"投资合作制度。

在"一带一路"建设中加强融资合作，规定"一带一路"融资合作制度。

立法建议如下：

第666条 ["一带一路"融资合作]

推动金融基础设施互联互通，完善丝路贷款、丝路基金等融资机制，健全"一带一路"融资合作制度。

在"一带一路"建设中加强科技合作，发展数字丝路，规定"一带一路"科技合作制度。

立法建议如下：

第667条 ["一带一路"科技合作]

实施"一带一路"国际科技合作重点项目，共建科技创新联盟、科技成果转化基地，加强与数字经济跨国企业的合作，健全"一带一路"科技合作制度。

在"一带一路"建设中加强交通合作，规定"一带一路"交通合作制度。
立法建议如下：

第 668 条 ["一带一路"交通合作]

推动"一带一路"陆海天网联通，发展"丝路海运"，建设"空中丝绸之路"，健全"一带一路"交通合作制度。

在"一带一路"建设中加强能源合作，规定"一带一路"能源合作制度。
立法建议如下：

第 669 条 ["一带一路"能源合作]

创新可再生能源发电、先进核电、智能电网、氢能等合作机制，健全"一带一路"能源合作制度。

在"一带一路"建设中加强环保合作，发展绿色丝路，规定"一带一路"环保合作制度。
立法建议如下：

第 670 条 ["一带一路"环保合作]

完善海洋治理、荒漠化防治、生物多样性交流合作机制，提升"一带一路"国家应对气候变化能力，健全"一带一路"环保合作制度。

二、"一带一路"规则协调

"一带一路"建设倚赖规划、机制的对接，政策、规则、标准的联通。
立法建议如下：

第 671 条 ["一带一路"规划、机制对接]

立足共建"一带一路"，推进规划、机制对接，加强政策、规则、标准联通。

为加强"一带一路"风险防控，保障"一带一路"合作持续发展，作出规定。

立法建议如下：

第672条 ["一带一路"风险防控]

健全国家安全审查制度，预防化解国家安全风险。做好新增项目前期论证和可行性研究，从严控制投资金额大、建设周期长的国外项目建设。强化"一带一路"法律服务保障，落实国外项目建设和风险防控督导责任，加强重大项目跟踪服务。

第六节　参与全球经济治理

一、中国提出的构建人类命运共同体和三大倡议

构建人类命运共同体，践行全球三大倡议，专作规定。

立法建议如下：

第673条 [中国提出的构建人类命运共同体和发展、安全、文明三大倡议]

践行全球发展倡议、全球安全倡议、全球文明倡议，推动构建人类命运共同体。

推动经济领域的国际立法，寻找全球经济有效治理之道。

立法建议如下：

第674条 [全球经济有效治理]

推动制定全球经济治理规则，构建公平公正的全球经济治理体系，共同维护全球产业链供应链稳定畅通，合力促进世界经济增长。

二、中国与经济全球化

为全面参与经济全球化，推进开放型世界经济模式，作出规定。
立法建议如下：

第 675 条 ［推动经济全球化］

推动开放包容、普惠共赢，促进经济、社会、环境协调发展，建设开放型世界经济。

为准确、合理利用世界贸易组织规则，提高在世界贸易组织中的制度话语权，作出规定。
立法建议如下：

第 676 条 ［中国与世界贸易组织］

积极参与世界贸易组织改革，坚持权利义务统一，维护多边贸易体制，加强货物贸易、服务贸易、技术贸易合作。充分利用世界贸易组织的争端解决机制维护自身合法权益，应对各类贸易壁垒，有效解决国际贸易争端。

为积极参加各类世界性经济组织，建设性参与相关经济治理合作，作出规定。
立法建议如下：

第 677 条 ［中国与世界其他经济性组织］

积极参与亚太经合组织、金砖国家等经济治理合作。

三、中国与区域经济一体化

积极参与区域经济一体化，发挥经济一体化的作用，规定区域经济一体化机制。
立法建议如下：

第 678 条 ［区域经济一体化］

提升区域经济一体化建设水平，推动区域多边金融机构深化治理改革。

加强区域合作，尤其重视中日韩、中国-东盟、中欧、中非等合作关系，规定国际区域合作机制。

立法建议如下：

第679条 [国际区域合作]

构建互利共赢的国际区域合作新机制，加强次区域合作。支持沿边地区利用国际合作平台，支持边境经济合作区发展，建设跨境经济合作区、境外经贸合作区。

加强东亚的区域合作，加强中国-东盟自由贸易区合作，促进中欧投资合作、科技合作。

加强中非合作，携手推进现代化。

四、中国的国际经济义务

履行国际经济义务，体现大国担当，助力国际经济发展，专作规定。

立法建议如下：

第680条 [国际经济义务]

实现国际经济发展，促进国际经济公平，保障国际经济安全，履行国际经济义务。

坚持力所能及原则，规范对外援助形式，规定对外援助制度。

立法建议如下：

第681条 [对外援助]

中国通过经济、技术、物资、人才、管理等方式开展对外援助，加强生态环境、科技教育、医疗卫生等相关经济领域的对外援助，向发展中国家特别是最不发达国家提供力所能及的援助。

中国同发展中国家开展合作、提供援助，不附加政治条件。

第四编　收入分配

第二十四章

本编一览：优化国民经济中生产要素配置和居民收入分配结构

收入分配既是基本民生的保障，也是实现共同富裕的基础。

必须深入理解马克思主义政治经济学的基本原理，并用以指导经济法实践。共同富裕，是社会主义的本质要求；而共同富裕，首先取决于发展经济，其次取决于公平分配。马克思说过："法律在巩固分配关系方面的影响和它们由此对生产发生的作用，要专门加以规定。"[1]

习近平同志分析道："不论处在什么发展水平上，制度都是社会公平正义的重要保证。我们要通过创新制度安排，努力克服人为因素造成的有违公平正义的现象，保证人民平等参与、平等发展权利。"[2]"要在推动高质量发展中强化就业优先导向。"[3]"要发挥分配的功能和作用。要处理好效率和公平关系，构建初次分配、再分配、三次分配协调配套的基础性制度安排。"[4]其中包括"完善按要素分配政策"。[5]这就是在《经济法典》"分则"中设置"收入分配"这一法律制度板块、优化分配结构的理论依据和实践基础，反映了对经济法的新设计。

《宪法》第 6 条第 2 款规定，"坚持按劳分配为主体、多种分配方式并存的分配制度"。党的二十大强调，分配制度是促进共同富裕的基础性制度。社

---

〔1〕 ［德］马克思：《导言》，《马克思恩格斯全集》（第 30 卷），人民出版社 1995 年版，第 39 页。

〔2〕 习近平：《切实把思想统一到党的十八届三中全会精神上来》，载《习近平著作选读》（第 1 卷），人民出版社 2023 年版，第 185 页。

〔3〕 习近平：《正确认识和把握我国发展重大理论和实践问题》，载《习近平著作选读》（第 2 卷），人民出版社 2023 年版，第 575 页。

〔4〕 习近平：《正确认识和把握我国发展重大理论和实践问题》，载《习近平著作选读》（第 2 卷），人民出版社 2023 年版，第 575 页。

〔5〕 习近平：《正确认识和把握我国发展重大理论和实践问题》，载《习近平著作选读》（第 2 卷），人民出版社 2023 年版，第 575 页。

会主义生产目的就在于满足人民群众日益增长、不断升级和个性化的物质文化和生态环境需要，而收入状况则是能否实现前述满足的基础条件。故此，《经济法典》制度中，安排第四编，定为"收入分配"。但要说明，完善分配制度包括坚持按劳分配为主体、多种分配方式并存，构建初次分配、再分配、第三次分配协调配套的制度体系，而本编着重研究初次分配。

"收入分配法律制度板块"调整因共享发展成果而产生的、发挥共同富裕作用层面的经济关系。"收入分配法律制度"对应和对接"总则"的经济分配权，构成国民经济在法治轨道上运行的制度系统中的第四板块，即未来《经济法典》"分则"第四编（参见表24-1）。

表24-1　"分则"与"总则"在收入分配板块的逻辑衔接梳理

总则条目	分则编名	分则章名
第四板块：收入分配制度的调整范围	收入分配	
就业促进法律制度（1条）		就业促进法律制度
按劳分配法律制度（1条）		按劳分配法律制度
其他生产要素按市场贡献决定报酬法律制度（1条）		其他生产要素按照市场贡献决定报酬法律制度

现行设计，收入分配法律制度板块列为两个分编。第一分编为分配基础，人尽其才；第二分编为分配格局，按能受益。（参见表24-2）

表24-2　收入分配法律制度板块之现行经济法律列举

板块内容	法律列举
（一）就业促进	1.《就业促进法》（2015年修正）
（二）按劳分配	2.《劳动法》（2018年修正）
（三）其他生产要素按照市场贡献决定报酬	有关法律、政策中，已有设定。

本编由以下两个方面的内容组成。

第一节　就业促进

一、增强国家建设的人力保障

人力、人才资源体现人民群众的智慧和力量，是推进国民经济发展的第一资源。在国民经济运行进程中，实施就业优先政策，政府"保就业"，促进充分就业，调动劳动积极性和创造性，增强对国家建设的人力保障。

二、提高就业率

就业率是反映就业促进的基本指标。促进应届和往届大专科毕业生就业，落实退役军人就业，发展新就业形态，推动灵活就业。

三、多元化的就业保障措施

鼓励自主择业，但基于就业形势的严峻性，发挥就业主观能动性是远远不够的，必须配套强有力的就业保障。健全多元化的就业保障措施，通过就业支持、就业服务、就业培训、就业援助等手段全面推进就业工作。

2024 年 3 月第十四届全国人民代表大会第二次会议要求：多措并举稳就业促增收。就业、增收，应在《经济法典》中得到充分回应。

第二节　初次分配

一、按劳分配

健全工资制度。劳动的付出，体现为效率优先、兼顾公平的劳动报酬。在工资制度改革中，应当健全工资基准、最低工资标准，考虑不同行业、不同岗位的合理增长，促进居民收入与经济增长基本同步。工资制度改革关乎每个人的切身利益，向一线劳动者倾斜，实现体面的劳动与合理的工资。

二、其他生产要素按照市场贡献决定报酬

健全土地、资本、才能（知识、技术、管理）、数据（即信息）等其他

生产要素由市场评价贡献、按贡献决定报酬的机制和办法。既需要考虑劳动者身份的分配，也需要考虑社会成员以其他居民身份出现时的分配。通过实施其他生产要素所作市场贡献进行分配的举措，最大限度发挥走向共同富裕功能。

　　此章旨在贯彻《宪法》规定的基本经济制度之一，奠定全体人民共同富裕的基础。

第一分编　分配基础

第二十五章

就业促进法律制度

就业是指在法定年龄内的公民从事获得报酬的劳动，属于收入分配的基础，亦即生存、发展的条件。

党的二十大强调，实施就业优先战略。

就业促进制度，基本素材可见之于《宪法》相关内容、《劳动法》《就业促进法》。

与《经济法典》"总则"就业促进法律制度总体条文相呼应，现探讨本章的具体制度设计。

第一节　就业优先政策

一、提高就业率

就业是最根本的民生，并且直接关系企业发展、社会发展。就业率是反映劳动力就业程度的指标。我国的劳动就业任务十分繁重。2023 年城镇调查失业率平均为 5.2%；2024 年预期为 5.5% 左右。与《经济法典》"总则"第 1 条"就业充分"目标相呼应，必须强调就业政策的地位和作用。

立法建议如下：

第 682 条 ［就业充分］

国家根据国民经济发展和改善民生的需要和实际，健全就业机制，保障实现高质量充分就业调控目标。

实施积极的就业政策，多渠道促进就业，对就业优先作出规定。
立法建议如下：

第683条［就业优先政策］

坚持就业优先政策，把扩大就业放在经济社会发展的突出位置。优化就业结构，提高就业创业意愿，落实就业工作责任。

促进劳动力和人才社会性流动，破除妨碍劳动力、人才社会性流动的体制机制弊端。

促进平等就业，保护就业者合法权益，规定平等就业制度。
立法建议如下：

第684条［平等就业］

贯彻男女平等基本国策，保障妇女享有与男子平等的劳动权利，不得以性别为由随意提高对妇女的录用标准，不得限制女职工结婚、生育。

各民族劳动者享有平等的劳动权利，依法对少数民族劳动者给予适当照顾。

农村劳动者进城就业享有与城镇劳动者平等的劳动权利，不得对农村劳动者进城就业设置歧视性限制。

纠正就业招工中不合理的年龄歧视、学历歧视以及性别歧视。

促进就业，提高就业率，规定推动普遍就业措施。
立法建议如下：

第685条［普遍就业］

稳定社会各类工作岗位规模，提高就业率，实现普遍就业。对企业招工可发放吸纳就业补贴。对到中西部地区、艰苦边远地区等就业的，给予学费补偿、助学贷款代偿、高定工资、提前转正定级等支持。

促进大中专学生毕业就业，尤其是每年的高校毕业生成为重点就业群体，规定大中专学生毕业就业措施。

立法建议如下：

第686条 ［大中专学生毕业就业］

开展就业创业指导，建设大中专学生就业创业公共服务平台，发展大中专学生创业园。

促进退役军人就业，支持退役军人创业，规定退役军人就业措施。

立法建议如下：

第687条 ［退役军人就业］

设立退役军人就业实名台账，规范接收安置程序，促进市场化安置。支持退役军人自主就业、返乡入乡创业，开辟退役军人创业园地。

到2023年末，全国进城务工人员总量29 753万人。这个近3亿的庞大人口群，其就业、劳动报酬涉及面之广、影响度之深，不可掉以轻心。故此，《经济法典》在进城务工人员就业、劳动报酬等方面均应给予回应。这不仅属于经济问题，也是属于政治问题——巩固工农联盟的国家基础。为促进进城务工人员就业，保障进城务工人员权益，规定进城务工人员就业措施。

立法建议如下：

第688条 ［进城务工人员就业］

稳定进城务工人员就业岗位，引导进城务工人员有序外出务工，促进进城务工人员就近就业创业。

二、就业导向

坚持经济发展就业导向，实现经济发展与就业促进相协调，对经济发展就业导向作出规定。

立法建议如下：

第689条 [经济发展就业导向]

坚持经济发展就业导向，增强制造业就业吸引力，推进制造业高质量发展和职业技能培训深度融合，开发制造业领域技能型就业岗位，提供制造业就业的全新增长点。

在数字时代背景下，加快跨界融合、改革创新，对新就业形态作出规定。立法建议如下：

第690条 [新就业形态]

健全职业分类动态调整机制，开发新职业，增加新就业形态就业机会。完善新就业形态的劳动权益保障制度，引导支持新就业形态劳动者参加社会保险，规范平台企业劳动保护。

在当前就业形势下，鼓励灵活就业，提供相应的专业帮助、服务保障，作出规定。
立法建议如下：

第691条 [灵活就业]

鼓励劳动者自主创业、自谋职业，完善劳动、社保制度，为灵活就业人员提供帮助和服务。

三、政府保障就业

加强就业规划，把扩大就业作为经济和社会发展的重要目标，规定保障措施。
立法建议如下：

第692条 [政府保障就业规划]

县级以上人民政府把扩大就业作为经济和社会发展的重要目标，纳入国民经济和社会发展规划，并制定促进就业的中长期规划和年度工作计划。

协调就业工作，分级依次落实就业，维护社会和谐稳定，规定促进就业工作协调措施。

立法建议如下：

第693条［促进就业工作协调］

国务院建立全国促进就业工作协调机制，研究就业工作中的重大问题，协调推动全国的促进就业工作。国家劳动行政部门具体负责全国的促进就业工作。

省、自治区、直辖市人民政府根据促进就业工作的需要，建立促进就业工作协调机制。县级以上人民政府有关部门按照各自的职责分工，共同做好促进就业工作。

实现就业目标，激励就业工作顺利推进，规定就业目标责任考核机制。

立法建议如下：

第694条［就业目标责任考核］

健全就业目标责任考核机制，建立高质量就业考核评价体系。县级以上人民政府按照促进就业目标责任制的要求，对所属的有关部门和下一级人民政府进行考核和监督。

为有效评估就业情况，进一步开展就业促进工作，规定就业影响评估机制。

立法建议如下：

第695条［就业影响评估］

健全就业影响评估机制，明确评估指标，实施重大政策规划、重大工程项目、重大生产力布局的就业影响评估，完善就业影响评估跟踪机制。

第二节　就业促进保障

一、就业支持

发挥财政功能，加大资金投入，有效支持就业，规定促进就业的财政措施。

立法建议如下：

第696条 ［促进就业的财政措施］

国家实行有利于促进就业的财政措施，加大财政资金投入。

在财政预算中安排就业专项资金，用于职业培训、职业技能鉴定、公共就业服务等。

发挥税费功能，支持失业人员、残疾人员等的发展，维护就业权益，规定税费优惠措施。

立法建议如下：

第697条 ［促进就业的税费优惠］

对吸纳失业人员的企业、失业人员创办的中小企业、安置残疾人员的企业、从事个体经营的失业人员、从事个体经营的残疾人员等，依法给予税费优惠。

金融支持是重要的就业支持模式，面向自主创业、返乡创业等新情况，规定金融支持措施。

立法建议如下：

第698条 ［促进就业的金融支持］

增加中小企业的融资渠道，在自主创业、返乡创业、职业技术教育、就业服务等方面完善信贷支持措施。

加强就业城乡统筹，视情况引导农业富余劳动力融入县域发展、城市发展，规定举措。

立法建议如下：

第699条 ［促进就业的城乡统筹］

加强促进就业的城乡统筹，引导农业富余劳动力就地就近转移就业、融入县域经济发展，有序转入城市就业。

二、就业服务

加快就业公共服务，发展公共就业服务机构，对就业公共服务平台作出规定。

立法建议如下：

第700条［就业公共服务平台］

加强基层公共就业服务平台、人力资源市场建设，提供政策咨询、职业介绍、用工指导等服务。公共就业服务机构为劳动者免费提供就业服务，公共就业服务经费纳入同级财政预算。

发挥职业中介机构的公益性服务功能，对职业中介作出规定。

立法建议如下：

第701条［职业中介］

县级以上地方人民政府对职业中介机构提供公益性就业服务的，按照规定给予补贴。鼓励社会各界为公益性就业服务提供捐赠、资助。政府部门不得举办或者与他人联合举办经营性的职业中介机构。

调查统计劳动力资源、就业、失业等方面的情况，与失业预警相对接。

立法建议如下：

第702条［失业预警］

开展劳动力资源、就业（失业）状况调查统计，实施失业预警制度，对可能出现的较大规模失业，实施预防、调节和控制。

加强对失业人员的指导，鼓励失业人员从事个体经营，加强失业服务。

立法建议如下：

第703条［失业服务］

加强对失业人员从事个体经营的指导，提供就业培训、开业指导、政策咨询、法律宣传等服务。

稳步推进失业保险工作，提高失业保险基金使用效率，规定失业保险制度。

立法建议如下：

第 704 条 ［失业保险］

完善失业保险制度，支持参保职工技能提升。畅通申领渠道，提高保险受益率。

三、就业培训

提高新生劳动力素质，培养劳动预备军，规定劳动预备制度。

立法建议如下：

第 705 条 ［劳动预备］

县级以上地方人民政府对有就业要求的毕业生实行一定期限的职业培训，使其取得相应的职业资格或者掌握一定的职业技能。

与时俱进地提高劳动者专业技能与综合素质，规定终身技能培训制度。

立法建议如下：

第 706 条 ［终身技能培训］

开展终身技能培训，实施职业技能提升行动和专项培训计划。支持开展订单式、套餐制培训，建设公共实训基地和产教融合基地，推动终身培训资源共建共享。

新业态是崭新就业领域，要加强从业人员培训，更好地适应新业态发展。

立法建议如下：

第 707 条 ［新业态从业人员培训］

广泛开展新业态从业人员培训，帮助从业人员获得职业资格、提高职业技能。

四、就业援助

加强就业援助，逐步发展公益性岗位，优先解决就业困难人员的就业问题。

立法建议如下：

第708条 [公益性岗位]

设置公益性岗位，采取税费减免、贷款贴息、社会保险补贴、岗位补贴等办法，对就业困难人员实行优先扶持和重点帮助。

加强基层就业援助服务，帮助就业困难人员，规定基层就业援助服务制度。

立法建议如下：

第709条 [基层就业援助服务]

地方各级人民政府加强基层就业援助服务工作，鼓励社会各方面为就业困难人员提供技能培训、岗位信息等服务。

保障残疾人权益，促进残疾人员就业，实行集中与分散相结合的方针，规定残疾人员就业制度。

立法建议如下：

第710条 [残疾人员就业]

政府和社会举办残疾人福利单位、机构，集中安排残疾人就业。实行按比例安排残疾人就业制度，为其选择适当的工种和岗位，鼓励用人单位超过规定比例安排残疾人就业。鼓励和扶持残疾人自主择业、自主创业、从事生产劳动。

妥善解决城市就业问题，维护社会和谐稳定，对全家处于失业状况的城市居民作出特别规定。

立法建议如下：

第711条 [特别困难城市家庭居民就业]

法定劳动年龄内的家庭人员全部处于失业状况的城市居民，可以向住所地街道、社区公共就业服务机构申请就业援助。街道、社区公共就业服务机构经确认属实的，应当为该家庭中至少一人提供适当的就业岗位。

第三节　劳动生产中人与人的关系

马克思主义认为，生产关系包括生产资料所有制、人们在劳动中的相互关系和分配格局。其中，所有制的变革在一定时期内可以是有底的，然而人们在劳动生产以及分配中的相互关系则可能发生许多的变化。1960年，毛泽东对鞍山钢铁公司总结出的"两参一改三结合"的一套企业管理制度高度评价。中央批转的这份被称为"鞍钢宪法"的经验，是中国走自己建设道路的代表作之一。《经济法典》对生产关系的这些情况均要作出反映和回应。

立法建议如下：

第712条 [在劳动生产中人与人的关系]

在社会主义生产活动中，应当实行民主管理、劳动自律，管理者参加劳动，工人参加管理，管理者、技术人员、工人实行三结合，保障所有职工都处在平等地位上、协作配合。

第二分编　分配制度

第二十六章

按劳分配法律制度

按劳分配是指按照劳动的数量和质量获得相应收入，属于我国基本分配制度的基础。

党的二十大要求，完善分配制度。

按劳分配制度，基本素材可见之于《宪法》相关内容、《劳动法》《保障农民工工资支付条例》。

与《经济法典》"总则"按劳分配法律制度总体条文相呼应，现探讨本章的具体制度设计。

第一节　工资制度

一、分配制"并行"

就业和收入分配往往联在一起考虑。正如习近平同志指出的："新一轮科技革命和产业变革有力推动了经济发展，也对就业和收入分配带来深刻影响，包括一些负面影响，需要有效应对和解决。"[1]2023年，全年全国居民人均可支配收入比上年增长6.3%，实际增长6.1%。坚持分配制的两者"并行"，即坚持按劳分配为主体、多种分配方式并存，鼓励第三次分配。

立法建议如下：

---

[1]　习近平：《扎实推动共同富裕》，载《习近平著作选读》（第2卷），人民出版社2023年版，第501页。

第713条 [三次分配协调配套体系]

构建初次分配、再分配、第三次分配协调配套的制度体系，鼓励勤劳致富，创新慈善事业、志愿服务等第三次分配形式。

在城乡一体化进程中，协调城乡分配制度的差别，实现分配公平，专作规定。

立法建议如下：

第714条 [城乡分配制度]

理顺城乡分配关系，优化城乡分配格局，有效提高农民收入。

二、工资制度

工资支付给劳动者本人，应当逐步提高工资水平。

立法建议如下：

第715条 [工资制度]

工资应当以货币形式按月支付给劳动者本人。用人单位自主确定本单位的工资分配方式和工资水平，实行工资集体协商制度。

工资水平在经济发展的基础上逐步提高，对工资总量实行宏观调控。

规范公务员的管理，保障公务员的合法权益，规定公务员工资制度。

立法建议如下：

第716条 [公务员工资制度]

党政机关、事业单位、社会团体公务人员工资制度贯彻按劳分配的原则，考虑工作职责、工作能力、工作实绩、资历等因素，体现职务、职级、级别的合理工资差距。

公务员工资列入财政预算予以保障，健全公务员工资的正常增长机制。

中国人民银行、国家金融监督管理机构、国家证券监督管理机构、国家外汇管理部门及其分支机构、派出机构的工作人员，执行国家公务员工资待遇标准。

规范科技、教育、医疗人员的管理，保障科技、教育、医疗人员的合法权益，规定科技、教育、医疗人员的工资制度。

立法建议如下：

第 717 条 ［科教医人员工资制度］

对科技、教育、医疗人员工资，体现知识、技术贡献，按时足额发放。

规范"参照管理"单位人员的管理，保障"参照管理"单位人员的合法权益，促进"参照管理"单位体制机制改革，规定"参照管理"单位人员的工资制度。

立法建议如下：

第 718 条 ［"参照管理"单位人员工资制度］

"参照管理"单位人员工资参照公务员工资制度，按时足额发放，加强绩效改革。

规范国企一般人员的管理，保障国企一般人员的合法权益，促进国有企业改革，规定国企一般人员的工资制度。

立法建议如下：

第 719 条 ［国企一般人员工资制度］

实行国企一般人员工资的分类分级管理，完善工资与经济效益联动机制。处理好不同行业、不同国企和国企内部不同岗位职工之间的工资分配关系。

规范国企负责人员的管理，保障国企负责人员的合法权益，促进国有企业改革，规定国企负责人员的工资制度。

立法建议如下：

第 720 条 ［国企负责人员工资制度］

优化国有企业负责人员的薪酬待遇标准，推行年薪制，实现市场激励与责任约束并重。

从公务员、国企负责人员等角度考虑待遇公平，发挥工作积极性，规定调入低标准工资地区工作之后的工资待遇安排。

立法建议如下：

第721条 [公务员、国企负责人员从高标准工资地区调入低标准工资地区工作之后的工资待遇安排]

对公务员、国企负责人员，从高标准工资地区调入低标准工资地区工作之后，原则上可保留原工资待遇安排。国家另有规定的除外。

三、各尽所能，多劳多得

在经济发展的视野下考察劳动报酬，维护劳动者关于劳动报酬的合法权益，对提高劳动报酬作出规定。

立法建议如下：

第722条 [提高劳动报酬]

从实际出发，坚持居民收入增长和经济发展基本同步、劳动报酬提高和劳动生产率提高基本同步，提高劳动报酬在初次分配中的比重。

每年"五一"劳动节，应当大力宣传、弘扬劳动精神。重视劳动、重视劳动者，工资分配向一线劳动者倾斜。

立法建议如下：

第723条 [向一线劳动者倾斜]

保护劳动所得，引导企业在工资分配中向生产、技术一线等岗位的职工倾斜。

保障进城务工人员按时足额获得工资，有效维护进城务工人员合法权益，规定拖欠进城务工人员工资清理制度。

立法建议如下：

第724条 [保障进城务工人员工资支付]

国家保障进城务工人员工资支付，进城务工人员有按时足额获得工资的权利。用人单位拖欠进城务工人员工资的，应当依法予以清偿；不清偿的，由出资人依法清偿。

四、同工同酬

坚持男女同工同酬，禁止歧视女职工，作出规定。
立法建议如下：

第 725 条 [男女同工同酬]

妇女在享受工资、福利待遇方面享有与男子平等的权利。用人单位不得因结婚、怀孕、产假、哺乳等情形，降低女职工的工资和福利待遇。

劳务派遣实行同工同酬，禁止歧视劳务派遣工，作出规定。
立法建议如下：

第 726 条 [劳务派遣同工同酬]

用工单位对被派遣劳动者实行与本单位同类岗位的劳动者相同的劳动报酬分配办法。用工单位无同类岗位劳动者的，参照用工单位所在地相同或者相近岗位劳动者的劳动报酬确定。

计件工资重在计件定额，考虑加班加点的特殊情况，规定计件工资制度。
立法建议如下：

第 727 条 [计件工资]

实行计件工资制的，用人单位应当科学合理地确定、调整计件报酬标准，工资支付周期可以按计件完成情况约定。劳动者在完成计件定额任务后，用人单位安排其在法定工作时间以外加班加点的，应当支付加班加点工资。

加快国有企业改革，加强市场化薪酬分配管理，规定国有企业市场化薪酬分配机制。
立法建议如下：

第 728 条 ［国有企业市场化薪酬分配］

推行招聘、用人机制改革，健全国有企业市场化薪酬分配机制，完善中长期激励机制。

发展公益性岗位，提供公益服务，规定公益性岗位报酬标准。

立法建议如下：

第 729 条 ［公益性岗位报酬］

被安排在公益性岗位工作的就业人员，依法给予劳动报酬、岗位补贴、社会保险补贴。

五、绩效工资

持续推动绩效工资改革，鼓励劳动积极性，规定绩效工资激励机制。

立法建议如下：

第 730 条 ［绩效工资激励］

建立绩效工资总量调控机制，实行全员绩效管理。自主确定基础性绩效工资与奖励性绩效工资所占比重，逐步加大奖励性绩效工资占比。完善以增加知识价值、创新价值为导向的绩效工资分配激励机制，突出重大业绩、重大贡献。

保障加班权益，提高劳动积极性，规定加班工资制度。

立法建议如下：

第 731 条 ［加班工资］

加班工资支付周期不得超过一个月，保障员工在正常工作时间以外工作、在休息日工作、在法定休假节日工作的工资待遇。

完善休息休假制度，保障职工薪酬权益，规定职工带薪年休假制度。

立法建议如下：

第 732 条 [职工带薪年休假]

国家实行带薪年休假制度。劳动者连续工作一年以上的，享受带薪年休假。

第二节　最低工资保障

一、最低工资标准及其调整

规范行业最低工资标准，保障劳动者合法权益，对行业最低工资标准指导线作出规定。

立法建议如下：

第 733 条 [行业最低工资标准指导线]

最低工资标准应当综合参考劳动者本人及平均赡养人口的最低生活费用、社会平均工资水平、劳动生产率、就业状况、地区之间经济发展水平的差异，完善最低工资指导线形成机制。

实行计件工资或者提成工资等工资形式的，应当按照正常工作时间进行折算，其相应的折算额不得低于最低工资标准。

最低工资标准应当与经济社会发展相协调，规定最低工资标准调整制度。

立法建议如下：

第 734 条 [最低工资标准调整]

最低工资标准每两年至少调整一次，健全最低工资合理增长机制。政府确定最低工资标准后，应当在实施前一个月在主要报刊、电台、电视台以及政府网站分别公布。

二、最低工资发放保障

保障用工单位的工资发放，维持劳动者个人及其家庭成员的基本生活，就用工单位对最低工资发放保障作出规定。

立法建议如下：

第735条 [用工单位对最低工资发放保障]

用工单位支付劳动者的工资不得低于当地最低工资标准。全日制就业劳动者最低工资以月最低工资为基本形式，非全日制就业劳动者最低工资以小时最低工资为基本形式。

落实地方政府的监督职责，保障最低工资的实际支付，就地方政府对用工单位发放最低工资的监督作出规定。

立法建议如下：

第736条 [地方政府对用工单位发放最低工资的监督]

最低工资的具体标准由省级人民政府规定，报国务院备案。地方政府加强对用工单位发放最低工资的监督。

规范政府再分配调节职能，充分发挥政府缩小居民收入分配差距的作用，专作规定。

立法建议如下：

第737条 [政府通过履行再分配调节职能，缩小居民收入分配差距]

政府履行再分配调节职能，加大税收、社会保障、转移支付等调节力度，合理调节过高收入，取缔非法收入，缩小居民收入分配差距。

第二十七章

其他生产要素按照市场贡献决定报酬法律制度

现代生产要素，除劳动力之外，还包括土地等自然资源、资本、才能、数据等。它们形成社会生产力的合力。根据它们各自的贡献，参与合理分配。这是市场经济条件下，经济法的新发展。

党的二十大要求，完善按要素分配政策制度。

其他生产要素按照市场贡献决定报酬制度，基本素材可见之于《宪法》的相关内容及有关政策规定。

与《经济法典》"总则"土地、资本、才能、数据等生产要素按市场贡献决定报酬法律制度总体条文相呼应，现探讨本章的具体制度设计。

第一节 土地等自然资源贡献报酬

一、土地贡献报酬

《中共中央、国务院关于构建更加完善的要素市场化配置体制机制的意见》（2020 年）针对各类要素配置作出指引。土地是最基本的要素，为加强土地供应利用，盘活土地资源，提高土地要素配置效率，优化土地贡献，规定土地贡献报酬制度。

立法建议如下：

第 738 条 ［土地贡献报酬］

优化国有土地使用收益分配，推进国有企业存量用地有效利用。以农民受益为原则，促进农村集体土地使用收益分配，建立公平合理的集体经营性建设用地入市增值收益分配制度。

加强水资源分配利用，优化水资源贡献，规定水资源贡献报酬制度。

立法建议如下：

第739条［水资源贡献报酬］

加强水资源价值评估，完善水资源使用收益分配机制，推动水权市场发展。

加强矿产资源保护，提升矿产资源的开发利用价值，规定矿产资源贡献报酬制度。

立法建议如下：

第740条［矿产资源贡献报酬］

加强矿产资源价值评估，完善矿产资源开发利用收益分配机制，推动矿业权市场发展。

二、其他自然资源贡献报酬

优化自然资源配置体系，促进自然资源使用管理，规定自然资源有偿使用制度。

立法建议如下：

第741条［其他自然资源有偿使用］

完善自然资源有偿使用制度，推进国有森林、国有草原、空域资源、无居民海岛有偿使用。在资源所有者权益和生态环境损害成本基础上，健全自然资源价格机制。

第二节　资市贡献报酬

一、资本在不同使用方式下的贡献报酬

加快科创板、创业板、新三板市场建设，加强股权权益保护，规定股权

收益分配机制。

立法建议如下：

第 742 条 ［股权收益分配］

完善股权收益分配机制，规范上市公司现金分红制度，保护投资者股权权益。

稳步扩大债券市场规模，优化企业债券收益分配，加强债券权益保护，规定企业债券收益分配机制。

立法建议如下：

第 743 条 ［企业债券收益分配］

丰富债券市场品种，推进债券市场互联互通，完善企业债券收益分配机制。

优化投资基金收益分配，推动基金市场发展，加强基金权益保护，规定投资基金收益分配机制。

立法建议如下：

第 744 条 ［投资基金收益分配］

公开募集基金的基金份额持有人按其所持基金份额享受收益和承担风险，非公开募集基金的收益分配和风险承担由基金合同约定。

二、通过资本要素使用权、收益权渠道增加中低收入群体要素收入

多渠道增加财产性收入，提高整体收入水平，促进共同富裕，规定城乡居民财产性收入制度。

立法建议如下：

第 745 条 ［城乡居民财产性收入］

多渠道增加城乡居民财产性收入，提高财产增值收益分享比例，创新更多适应家庭财富管理需求的金融产品。

支持中等收入群体，鼓励勤劳致富，对扩大中等收入群体作出规定。

立法建议如下：

第746条 [扩大中等收入群体]

提高中等收入群体比重，实施高素质农民培育计划，拓宽技术工人上升通道，支持个体工商户、灵活就业人员等群体勤劳致富。

第三节 知识、技术、管理等才能贡献报酬

一、知识贡献报酬

根据不同创新主体、不同创新领域、不同创新环节的知识价值特点实行收入分配改革，规定知识价值贡献报酬制度。

立法建议如下：

第747条 [知识价值贡献报酬]

以增加知识价值为导向优化收入分配，加大对知识价值的激励力度。

二、技术贡献报酬

深化科技成果使用权、处置权、收益权改革，建立市场化的技术贡献评价制度，规定技术要素贡献报酬制度。

立法建议如下：

第748条 [技术要素贡献报酬]

健全以实际贡献为评价标准的科技创新人才薪酬制度，对急需的高层次、高技能人才实行协议工资、项目工资、年薪制、特殊津贴等。开展科技成果入股、岗位分红权激励，鼓励品牌、创意等参与收入分配。

三、管理贡献报酬

发挥管理者的管理职能，提升现代化管理水平，规定管理贡献报酬制度。立法建议如下：

第749条 [管理贡献报酬]

建立科学的企业经营成果考核评价体系，完善年薪考核办法。提取利润的一定比例奖励管理者，通过股权、分红权、股份期权等方式提高管理者的个人收入。管理者任期届满考核不合格者，相应扣除其奖励年薪。

第四节　数据（信息）贡献报酬

一、数据要素贡献报酬分配

《中共中央、国务院关于构建数据基础制度更好发挥数据要素作用的意见》（2022年）提出数据要素分配办法。在数字时代推动数据生产、流通、使用，保障各参与方享有的合法权利，从中探寻相应的数据要素贡献报酬方案。
立法建议如下：

第750条 [数据要素贡献报酬]

保护数据要素各参与方的投入产出收益，开发挖掘各环节数据价值回报，推动数据要素收益向数据价值和使用价值的创造者合理倾斜。

二、经营信息贡献报酬分配

经营信息是重要的商业秘密，对经营者的这类无形资产，优化贡献报酬分配机制。
立法建议如下：

第751条 [经营信息贡献报酬]

保护经营信息获得者、加工者、使用者的收益回报，保障经营各环节投入的相应回报。

三、技术信息贡献报酬分配

技术信息作为重要的商业秘密，对科技竞争的这类无形资产，优化贡献报酬分配机制。

立法建议如下：

第752条 ［技术信息贡献］

保护技术信息获得者、加工者、使用者的收益回报，保障技术应用各环节投入的相应回报。

第五编　经济安全保障

第二十八章 ——————

本编一览：强化国民经济安全保障

　　发展、安全是宏观经济、微观经济的两件大事。中央强调："统筹发展和安全。"

　　必须深入理解马克思主义政治经济学的基本原理，并用以指导经济法实践。发展和安全是国家建设中的两件大事，也是关系人民利益的两件大事，都源于现实的经济诉求。正如马克思所说："无论是政治的立法或市民的立法，都只是表明和记载经济关系的要求而已。"[1]发展和安全的规范都是直接调整经济关系的。

　　习近平同志分析道："国家安全和社会稳定是改革发展的前提。"[2]"发展是安全的基础，安全是发展的条件。"[3]坚持总体国家发展观，要"以经济安全为基础"。[4]他强调："要牢牢守住安全发展这条底线。"[5]这就是在《经济法典》"分则"中设置"经济安全保障"这一法律制度板块、统筹发展和安全的理论依据和实践基础，反映了对经济法的新设计。

　　《宪法》第 15 条第 3 款规定："国家依法禁止任何组织或者个人扰乱社会经济秩序。"党的二十大提出，维护国家安全全过程，要"以经济安全为基础"。安全才能发展，安全即是福祉。故此，《经济法典》"分则"安排第五

---

　　〔1〕 ［德］马克思：《哲学的贫困》，载《马克思恩格斯全集》（第 4 卷），人民出版社 1958 年版，第 122 页。

　　〔2〕 习近平：《关于〈中共中央关于全面深化改革若干重大问题的决定〉的说明》，载《习近平著作选读》（第 1 卷），人民出版社 2023 年版，第 172 页。

　　〔3〕 习近平：《坚持总体国家安全观》，载《习近平著作选读》（第 1 卷），人民出版社 2023 年版，第 235 页。

　　〔4〕 习近平：《坚持总体国家安全观》，载《习近平著作选读》（第 1 卷），人民出版社 2023 年版，第 235 页。

　　〔5〕 习近平：《关于构建新发展格局》，载《习近平著作选读》（第 2 卷），人民出版社 2023 年版，第 374 页。

编，定为"经济安全保障"。

经济安全，包括宏观的、微观的。"经济安全保障法律制度板块"调整因统筹发展和安全而产生的、发挥应对风险作用层面的经济关系。"经济安全保障法律制度"对应和对接"总则"的经济安全权，构成国民经济在法治轨道上运行的制度系统中的第五板块，即《经济法典》"分则"第五编（参见表28-1）。

表28-1 "分则"与"总则"在经济安全保障板块的逻辑衔接梳理

总则条目	分则编名	分则章名
第五板块：经济安全保障制度的调整范围	经济安全保障	
国家经济安全保障法律制度（1条）		国家经济安全保障法律制度
经济监督法律制度（1条）		经济监督法律制度
应对非经济因素对国民经济造成不确定风险法律制度（1条）		应对非经济因素对国民经济造成不确定风险法律制度

现行设计，经济安全保障法律制度板块列为两个分编。第一分编为经济风险应对，直接保障经济安全；第二分编为非经济风险应对，间接保障经济安全。（参见表28-2）

表28-2 经济安全保障法律制度板块之现行经济法律列举

板块内容	法律列举
（一）国家经济安全保障法律制度	1.《国家安全法》（2015年）（关于经济安全部分） 2.《粮食安全保障法》（2023年） 3.《农产品质量安全法》（2022年修订） 4.《核安全法》（2017年） 5.《网络安全法》（2016年） 6.《数据安全法》（2021年） 7.《安全生产法》（2021年修正） 8.《矿山安全法》（2009年修正） 9.《道路交通安全法》（2021年修正）

板块内容	法律列举
	10.《海上交通安全法》（2021 年修订） 11.《食品安全法》（2021 年修正） 12.《特种设备安全法》（2013 年）
（二）经济监督法律制度	13.《审计法》（2021 年修正）
（三）应对非经济因素对国民经济造成不确定风险法律制度	14.《生物安全法》（2024 年修正）

本编由以下两个方面的内容组成。

第一节　国家经济安全

一、以经济安全为总体国家安全的基础

党的二十大提出，"推进国家安全体系和能力现代化"。经济安全为基础。完善基本经济制度、国计民生基本事项和国家主权、安全、发展利益等基本经济安全制度。完善粮食安全、自然资源能源安全、金融安全等重点经济安全制度。完善网络空间安全、安全生产、食品药品安全等公共经济安全制度。建立、健全经济、金融风险防控长效机制，稳妥有序处理经济、金融风险隐患。

二、经济监督

经济监督的目标是维护国民经济秩序，推进廉政勤政，既是监督，也是促进。经济监督不仅仅为了经济安全，也为整个国民经济发展服务。经济监督不仅是经济安全保障法律制度的内在之义，更是整个经济法典不可缺少的制度内容，成为《经济法典》"分则"一章。

第二节　非经济风险应对

一、国内层面的非经济风险

非经济风险对国民经济会造成不确定风险，在国内层面如生态环境风险应对、人口/劳力风险应对、科技/国防领域风险应对等。

二、国际层面的非经济风险

针对影响国内经济的国际非经济风险，包括政治风波、战争、恐怖主义等提出综合性举措。

应深刻认识并有效应对：目前"外部环境对我国发展的不利影响持续加大"。（见 2024 年 3 月第十四届全国人民代表大会第二次会议上的《政府工作报告》）

第二十九章

国家经济安全保障法律制度

高质量发展是硬道理，高水平安全也是硬道理。

国家经济安全，主要指宏观安全，也包括微观安全。

党的二十大提出，"以新安全格局保障新发展格局"，坚持"以经济安全为基础"。

国家经济安全保障制度，基本素材可见之于《宪法》相关内容，《国家安全法》《对外关系法》相关内容，《粮食安全保障法》《农产品质量安全法》《核安全法》《网络安全法》《数据安全法》《安全生产法》《矿山安全法》《道路交通安全法》《海上交通安全法》《食品安全法》《特种设备安全法》等经济法律。

与《经济法典》"总则"国家经济安全保障法律制度总体条文相呼应，现探讨本章的具体制度设计。

第一节　基市经济安全

一、国家经济安全

正确认识国家经济安全，提高国家经济安全的战略定位，对国家经济安全进行设计。

立法建议如下：

第 753 条 [国家经济安全]

国家坚持统筹发展和安全，有效防范化解重点领域风险。

健全国家经济安全制度，保障基本经济安全、重点经济安全和公共经济安全。

二、基本经济制度安全保障

坚持所有制的两个"毫不动摇"，即毫不动摇巩固和发展公有制经济，毫不动摇鼓励、支持、引导非公有制经济发展，保障基本经济制度安全，作出规定。

立法建议如下：

第 754 条 [坚持两个"毫不动摇"]

巩固和发展公有制经济，鼓励、支持、引导非公有制经济发展，增强社会主义物质基础和经济实力。

三、涉及国计民生基本事项的经济安全保障

保障重要产业、战略资源、重大科技等方面的经济安全，作出规定。
立法建议如下：

第 755 条 [国民经济关键领域安全]

实现重要产业、战略资源、重大科技等国民经济关键领域安全可控，健全关键领域评价体系，增强关键领域抗冲击能力。

保障关系国民经济命脉的重大基础设施和重大建设项目的安全，作出规定。

立法建议如下：

第 756 条 [重大设施（项目）安全]

维护水利、电力、供水、油气、交通、通信、网络、金融等重大基础设

施和重大建设项目安全。

在此基础上，关注关系国民经济命脉的其他重大经济利益的安全保障，作出规定。

立法建议如下：

第 757 条 ［关系国民经济命脉的其他重大经济利益安全］

保障重要经济领域安全，维护国民经济命脉的重大经济利益。

四、涉及国家主权、安全、发展利益的经济安全保障

在对外贸易、引进外资、技术转让等方面，规定国家经济安全的保障措施。

立法建议如下：

第 758 条 ［对外贸易、引进外资和技术转让等安全］

对外贸易、引进外资、技术转让等涉及国家主权、安全、发展利益的经济领域，建立审慎监管机制，防范和抵御外部风险的冲击。

第二节　重点经济安全

一、粮食安全保障

习近平同志曾引证毛泽东同志的话："吃饭是第一件大事。"紧接着深刻地指出："只要粮食不出大问题，中国的事就稳得住。"[1]他反复强调："中国人的饭碗要牢牢端在自己手上，我们的饭碗应该主要装中国粮。"[2]可见粮食问题的经济意义、社会意义和政治意义。现在，每年的 10 月 16 日为世界

---

〔1〕　习近平：《确保我国粮食安全》，载《习近平著作选读》（第 1 卷），人民出版社 2023 年版，第 197 页。

〔2〕　习近平：《走中国特色社会主义乡村振兴道路》，载《习近平著作选读》（第 2 卷），人民出版社 2023 年版，第 87 页。

粮食日。明晰影响粮食安全的主要因素，保障国家粮食安全，规定粮食安全保障条款。

立法建议如下：

第 759 条 ［粮食安全保障］

保障粮食供给平衡、质量安全、价格合理，建设粮食产业强国，确保国家粮食安全。

国家将每年秋分日确定为"中国农民丰收节"。2023 年，全年粮食产量增产 1.3%。端牢自己的饭碗，提高粮食自给率，有效保障粮食安全，专作规定。

立法建议如下：

第 760 条 ［提高粮食自给率］

提高粮食生产、储备、流通、加工能力，确保谷物基本自给、口粮绝对安全。

做好工作，要善于抓住主要矛盾和矛盾的主要方面。"保障粮食安全，关键是要保粮食生产能力"。[1]提高粮食综合生产能力，有效促进粮食生产，规定粮食生产安全保障制度。

立法建议如下：

第 761 条 ［粮食生产安全］

围绕确保粮食生产能力这一关键，国家加强粮食生产基础设施建设，提高粮食生产信息化水平，增强抗旱、救灾能力，做好粮食作物检验检疫和病虫害防治工作。加强粮食生产功能区建设，完善粮食生产支持保护制度。

提高粮食加工水平，有效促进粮食加工，规定粮食加工安全保障制度。

立法建议如下：

---

〔1〕 习近平：《走中国特色社会主义乡村振兴道路》，载《习近平著作选读》（第 2 卷），人民出版社 2023 年版，第 87 页。

第762条［粮食加工安全］

国家引导粮食加工业发展，重点支持粮食生产功能区发展粮食加工业。优先保障口粮加工，建设粮食加工原料基地和物流体系，支持研发粮食加工新技术、新工艺、新设备。协调推进粮食初加工、精深加工、综合利用加工，防止主粮能源化。

为健全粮食储备体系，提升粮食储备效能，规定粮食储备安全保障制度。立法建议如下：

第763条［粮食储备安全］

政府粮食储备用于调节粮食供求、稳定粮食市场、应对突发事件等。中央政府粮食储备规模和地方政府粮食储备总量规模由国务院确定并实行动态调整。承储政府粮食储备的企业实行专仓储存、专人保管、专账记载。建立企业社会责任储备，鼓励粮食生产经营者自主储粮。

在确保谷物基本自给、口粮绝对安全的前提下，妥善处理粮食进口、粮食出口相关法律问题，规定粮食进出口安全保障制度。
立法建议如下：

第764条［粮食进出口安全］

完善粮食进口相应的备案、许可证、配额制度。在国际粮食贸易方面反对贸易保护主义，应对各种新型的非关税壁垒，依法寻求国际粮食贸易救济。

中国是人口大国，必须有完善的粮食安全监测、预警、应急机制，保障粮食应急所需。
立法建议如下：

第765条［粮食应急］

制定粮食应急预案，定期开展应急演练和培训。健全粮食风险基金制度，用于支持粮食储备、稳定粮食市场、粮食应急等。确认出现粮食应急状态的，依法采取应急处置措施。

保障粮食质量安全，建设粮食产业强国，规定粮食质量安全制度。

立法建议如下：

第766条 ［粮食质量安全］

健全粮食质量安全追溯体系，完善粮食质量安全风险监测和检验制度，实施符合粮食质量要求的安全标准、质量等级。

二、自然资源、能源安全保障

优化自然资源配置，合理利用自然资源，实现人与自然和谐共生，规定自然资源安全保障制度。

立法建议如下：

第767条 ［自然资源安全］

实施自然资源安全调查、评估制度，开展自然资源利用评价考核。推进主体功能区战略，建立自然资源安全预警体系，健全国土空间安全管制制度。

持续利用水资源，应对水资源风险，规定水资源安全制度。

立法建议如下：

第768条 ［水资源安全］

加强水资源的宏观协调、综合平衡、合理开发、日常应急，防止水源枯竭和水体污染，保障水资源安全。

外层空间是亟待开发的全新领域，规定外层空间安全保障制度。

立法建议如下：

第769条 ［外层空间安全］

坚持和平探索和利用外层空间，增强安全进出、科学考察、开发利用的能力，加强国际合作，维护外层空间安全。

目前国际能源形势较为严峻，我国要做好能源安全保障工作，维护经济社会稳定，规定能源安全保障制度。

立法建议如下：

第770条［能源安全保障］

保障战略能源储备，完善能源运输战略通道建设和安全保护措施。监测国内外能源市场供求变化，强化能源风险预警、运行调节和应急保障。

保护石油、天然气管道，维护石油、天然气供应安全，规定石油天然气管道保护制度。

立法建议如下：

第771条［石油天然气管道保护］

促进石油、天然气管道规划与建设，加强管道运行保护，保障石油、天然气输送安全。

核安全属于国家战略安全，在核技术、核设施、核材料、核活动等不同维度保障核安全，作出规定。

立法建议如下：

第772条［核安全］

国家坚持和平利用核技术，防范核扩散、核威胁、核攻击，完善防扩散机制。

加强对核设施、核材料、核活动的安全管理。健全核设施安全许可制度，核设施营运单位对核安全负全面责任。

国家对核事故应急实行分级管理，健全核事故应急体系，加强应急能力建设。

三、金融安全保障

"防范化解金融风险，特别是防止发生系统性金融风险，是金融工作的根本性任务，也是金融工作的永恒主题。"〔1〕"维护金融安全，是关系我国经济社会发展全局的一件带有战略性、根本性的大事。"〔2〕"防范化解金融风险，事关国家安全、发展全局、人民财产安全，是实现高质量发展必须跨越的重大关口。"〔3〕金融业要守住底线，不发生系统性风险，规定保障措施。

立法建议如下：

第773条〔守住金融安全底线〕

推进金融核心技术安全可控，维护金融基础设施安全。健全金融风险预防、预警、处置、问责制度体系，落实监管责任和属地责任，守住不发生系统性金融风险的底线。

加强金融不良资产处理，有效应对金融风险，规定金融不良资产处理机制。

立法建议如下：

第774条〔金融不良资产处理〕

健全金融不良资产考核机制，对不良资产的余额和比例加强考核。加强系统重要性金融机构和金融控股公司监管，完善不良资产处置办法，防范化解影子银行风险，依法处置高风险金融机构。

金融创新可能带来金融风险，有必要相应解决金融创新产品的纠偏问题。

立法建议如下：

第775条〔金融创新产品纠偏〕

完善金融创新风险评估机制，建立金融创新产品容错、纠偏和暂停机制。

---

〔1〕 习近平：《服务实体经济，防范金融风险》，载《习近平著作选读》（第1卷），人民出版社2023年版，第618页。

〔2〕 习近平：《在十八届中央政治局第四十次集体学习时的讲话》，载中共中央党史和文献研究院编：《习近平关于金融工作论述摘编》，中央文献出版社2024年版，第71页。

〔3〕 习近平：《在十九届中央财经委员会第一次会议上的讲话》，载中共中央党史和文献研究院编：《习近平关于金融工作论述摘编》，中央文献出版社2024年版，第83页。

促进国际金融资本流动，积极加强监管合作、应急合作，规定国际金融资本流动机制。

立法建议如下：

第 776 条 ［国际金融资本流动风险应对］

完善国际金融资本流动管理，开展国际金融资本流动信息共享和监管合作，及时处置国际金融资本流动风险。

第三节 公共经济安全

一、网络空间安全保障

没有网络安全就没有国家安全，也就没有经济安全。保障网络安全，维护网络空间主权，对网络安全进行界定。

立法建议如下：

第 777 条 ［网络安全］

确保网络安全，防范对网络的攻击、侵入、干扰、破坏和非法使用以及意外事故，使网络处于稳定可靠运行的状态，保障网络数据的完整性、保密性、可用性的能力。

加强网络空间管理，保障网络空间安全，规定政府管制措施。

立法建议如下：

第 778 条 ［网络空间安全政府管制］

国家建设网络空间安全保障体系，加强网络空间安全管制，防范、制止和惩治网络攻击、网络入侵、网络窃密、散布违法有害信息等网络违法犯罪行为，维护网络空间安全。

立足网络空间安全，推进网络空间的社会自控，规定措施。

立法建议如下：

第 779 条 ［网络空间安全社会自控］

加强社会各界对网络空间的合法应用，实现网络技术、网络设施、网络数据的安全可控。

保障数据安全，加强数据开发利用，规定数据安全制度。
立法建议如下：

第 780 条 ［数据安全］

确保数据安全，加强数据的有效保护和合法利用，保障持续安全状态。

二、安全生产保障

加强对安全生产工作的统一领导，稳定安全生产形势，保护国家财产和人民生命安全，对国家安全生产委员会职能专作规定。
立法建议如下：

第 781 条 ［国家安全生产委员会职能］

国家安全生产委员会在国务院领导下，负责研究部署、指导协调全国安全生产工作，研究解决安全生产工作中的重大问题。

落实安全生产责任，有效保障安全生产，对企业安全生产责任作出规定。
立法建议如下：

第 782 条 ［企业安全生产责任］

建立企业全员安全生产责任制度，落实企业安全生产主体责任。
完善生产安全事故责任追究制度，依法追究责任单位和责任人员的法律责任。

防止生产事故，保障人民群众生命和财产安全，规定安全生产防范制度。
立法建议如下：

第783条〔生产事故防范〕

推进企业安全生产标准化建设，加强安全技术装备创新应用，加强区域安全管理，加快重点领域安全整治，推进危险岗位全自动化。加强安全隐患排查，强化安全生产监管监察执法，推进安全生产责任保险全覆盖。

减少生产安全事故，保障人民群众生命和财产安全，规定安全生产应急制度。

立法建议如下：

第784条〔安全生产应急〕

在发生安全生产应急事件之后，采取警戒、疏散、抢救等措施，防止事故扩大和次生灾害的发生，避免、减少人员伤亡、财产损失、环境危害。实行安全生产重大隐患治理逐级挂牌督办机制，加强生产安全的整改落实。

保障矿山生产安全，防止矿山事故，规定矿山安全制度。

立法建议如下：

第785条〔矿山安全〕

保障矿山建设安全、开采安全，加强矿山企业的安全管理，妥善处理矿山事故。

维护道路交通秩序，预防和减少交通事故，规定道路交通安全制度。

立法建议如下：

第786条〔道路交通安全〕

国家对机动车实行登记、第三者责任强制保险、强制报废制度。规范道路通行条件，保护行人和乘车人通行安全，保障道路交通有序、安全、畅通，调查处理道路交通事故。

为加强海上交通管理，维护海上交通秩序，规定海上交通安全制度。

立法建议如下：

第787条 [海上交通安全]

规范海上交通条件，保障航行、运输、停泊、作业安全，加强海上搜寻救助，调查处理海上交通事故。

三、食品、药品等安全保障

《中共中央、国务院关于深化改革加强食品安全工作的意见》（2019年）提出食品安全工作的措施。2008年三鹿奶粉事件发生之后，食品安全立法更为社会各界所重视。为保证食品安全，保障公众身体健康和生命安全，规定食品安全保障举措。

立法建议如下：

第788条 [食品安全保障]

国家应当明确食品安全风险评估情形，加强食品全链条的风险监测、抽检和监管执法，强化快速通报、快速反应。建立食品安全追溯体系，采用信息化手段保证食品可追溯。

食品生产经营者发现其生产经营的食品不符合食品安全标准或者有证据证明可能危害人体健康的，应当立即停止生产经营，召回已经上市销售的食品，采取无害化处理、销毁等措施。

与食品安全一样，药品安全保障也要引入全生命周期管理，实现全过程可追溯，作出规定。

立法建议如下：

第789条 [药品安全保障]

加强药品安全风险监测、抽检，强化快速通报、快速反应。严控药品安全风险，构建药品全生命周期管理机制，完善电子追溯体系，实现药品全过程可溯。

鉴于疫苗的重要性，必须专设规定，保障疫苗安全。

立法建议如下：

第790条［疫苗安全保障］

制定疫苗安全事件应急预案、紧急处置方案，定期检查各项防范措施的落实情况，及时消除疫苗安全隐患。

发生疫苗安全事件，必须立即采取措施有效处理。

保证医疗器械的安全、有效，保障人体健康和生命安全，规定医疗器械安全保障举措。

立法建议如下：

第791条［医疗器械安全保障］

发现使用的医疗器械存在安全隐患的，医疗器械使用单位应当立即停止使用，并通知相关人员或机构进行检修；经检修仍不能达到使用安全标准的医疗器械，不得继续使用。

加强特种设备安全工作，预防特种设备事故，规定电梯等特种设备安全保障制度。

立法建议如下：

第792条［电梯等特种设备安全保障］

国家对电梯等特种设备的生产、经营、使用，实施分类的、全过程的安全监督管理，加强事故应急救援与调查处理。

规范个人信息处理活动，保护个人信息权益，设立个人信息安全保障制度。

立法建议如下：

第793条［个人信息安全保障］

采取必要措施保障个人信息安全，完善个人信息收集、存储、使用、加工、传输、提供、公开、删除等安全制度。

第三十章

经济监督法律制度

经济监督指对企业及其他组织从事经营活动和其他具有经济内容的业务活动所进行的监察和督促，是政府经济权力和责任的体现。

党的二十大提出，以党内监督为主导，促进各类监督贯通协调。习近平同志深刻指出："特权是最大的不公。"[1]经济监督就要反腐败、反特权，促进作风建设。

经济监督制度，基本素材可见之于《宪法》相关内容，《审计法》《监察法》《预算法》等经济法律。

与《经济法典》"总则"经济监督法律制度总体条文相呼应，现探讨本章的具体制度设计。

第一节 审 计

一、审计体系

保证审计立足经济监督定位，加强国家的审计监督，对审计作出规定。立法建议如下：

第 794 条 ［审计体系］

国家实行审计监督制度，构建集中统一、全面覆盖的审计体系，有效开展日常审计工作。

---

〔1〕 习近平：《推进党的建设新的伟大工程要一以贯之》，载《习近平著作选读》（第 2 卷），人民出版社 2023 年版，第 114 页。

审计工作至关重要，首先是对审计署的规定。地方各级审计机关明确隶属关系，做好审计工作。

立法建议如下：

第795条 [各级审计机关]

国务院设立审计署，在国务院总理领导下，主管全国的审计工作。

县级以上人民政府的审计机关，依法负责本行政区域内的审计工作。地方各级审计机关对本级人民政府和上一级审计机关负责并报告工作，审计业务以上级审计机关领导为主。审计机关根据工作需要，经本级人民政府批准，可以在其审计管辖范围内设立派出机构。

坚持审计依法独立，严格规范自身行为，为此规定独立审计条款。

立法建议如下：

第796条 [审计依法独立]

审计依法独立进行。

审计机关不得参加可能影响其依法独立履行审计监督职责的活动，不得干预被审计单位及其相关单位的正常生产经营和管理活动。

加强审计机关的审计监督，规定审计机关的法定职能。

立法建议如下：

第797条 [审计机关职能]

审计机关应当加强以下审计监督：

（一）政府预算的执行情况和决算；

（二）有关部门、企业、组织的财务收支；

（三）国有资产、资源；

（四）社会保险基金、全国社会保障基金、社会捐赠资金等的财务收支；

（五）国际组织和外国政府援助、贷款项目的财务收支。

规范审计机关的审计活动，与审计机关职能对应，对审计机关权限作出规定。

立法建议如下：

第798条 [审计机关权限]

审计机关应当对转移、隐匿、篡改、毁弃等行为予以制止，封存有关资料和资产，冻结存款，暂停拨付、暂停使用款项，建议有关机关、单位纠正，提请有权处理的机关、单位依法处理。

提高审计人员的专业知识和业务能力，规范审计行为，促进廉政建设，对审计人员的要求作出规定。

立法建议如下：

第799条 [审计人员]

国家实行审计专业技术职务资格考试、评聘制度。审计人员应当遵守审计职业道德，具备审计专业知识、业务能力。因与审计职务有关的违法行为被依法追究刑事责任的人员，不得再从事审计工作。

加强国家审计监督，明确上下级审计机关之间的关系，对审计管辖范围作出规定。

立法建议如下：

第800条 [审计管辖范围]

审计机关之间对审计管辖范围有争议的，由其共同的上级审计机关确定。上级审计机关对其审计管辖范围内的审计事项，可以依法授权下级审计机关进行审计；上级审计机关对下级审计机关审计管辖范围内的重大审计事项，可以直接进行审计，但是应当防止重复审计。

二、审计类型

规范审计活动，维护国家财经秩序，对全面审计与专项审计作出规定。
立法建议如下：

第801条 [全面审计与专项审计]

审计机关可以对被审计单位依法接受审计的事项进行全面审计，也可以对其中的特定事项进行专项审计。

中共中央办公厅、国务院办公厅印发《党政主要领导干部和国有企事业单位主要领导人员经济责任审计规定》（2019 年），规定经济责任审计问题。加强经济责任审计，维护国家经济秩序，促进廉政建设，设立经济责任审计制度。

立法建议如下：

第 802 条 ［经济责任审计］

对党政单位、国有企业事业主要领导人离任，实行经济责任审计。经济责任审计应当以公共资金、国有资产、国有资源的管理、分配和使用为基础，考察领导干部权力运行和责任落实情况。领导干部对履行经济责任过程中的相关行为应当承担直接责任、领导责任。将经济责任审计结果、整改情况作为考核、任免、奖惩被审计领导干部的重要参考。

中共中央办公厅、国务院办公厅印发《领导干部自然资源资产离任审计规定（试行）》（2017 年），规定自然资源资产审计问题。加强自然资源资产离任审计，保护自然资源，促进廉政建设，设立自然资源资产离任审计制度。

立法建议如下：

第 803 条 ［自然资源资产离任审计］

根据所在地域自然资源、环境保护状况，加强领导干部自然资源资产离任审计，包括重大决策、目标完成、履行监督责任、相关资金征管用、项目建设运行等情况。

三、审计程序

应对审计发现的经济社会运行中的风险隐患，设立审计通报制度。
立法建议如下：

第 804 条 ［审计通报］

审计机关在审计中，发现经济社会运行存在风险隐患的，应当及时向本级人民政府报告或者向有关主管机关、单位通报。

规范审计流程，完善审计材料，对审计过程作出规定。

立法建议如下：

第805条 [审计程序]

审计机关根据审计项目计划确定的审计事项组成审计组，向被审计单位送达审计通知。审计人员通过审查财务、会计资料，查阅有关文件、资料，检查现金、实物、有价证券和信息系统，向有关单位和个人调查，取得证明材料。

审计组实施审计后，依法出具审计报告、作出审计决定，从提高财政资金使用效益的角度出发作出审计报告规定。

立法建议如下：

第806条 [审计报告]

审计组实施审计后，在征求被审计单位的意见之后，向审计机关提出审计报告。

审计机关对审计组提出的审计报告进行审议，出具审计机关的审计报告。

对违法违规行为，审计机关在法定职权范围内作出审计决定；需要移送有关主管机关、单位处理、处罚的，审计机关应当依法移送。

提高审计机关运作效率，完善审计程序，规定与审计报告、审计决定配套的审计送达制度。

立法建议如下：

第807条 [审计结果送达及整改反馈]

审计机关应当将审计机关的审计报告和审计决定送达被审计单位和有关主管机关、单位，并报上一级审计机关。上级审计机关认为下级审计机关作出的审计决定违反国家有关规定的，可以责成下级审计机关予以变更或者撤销，必要时也可以直接作出变更或者撤销的决定。

审计机关应当对被审计单位整改情况进行跟踪检查。

被审计单位应当积极整改审计查出的问题，将整改情况报告审计机关及有关主管部门。

第二节　各种经济监督及其组合

一、人大系统监督

规范各级人大及其常委会的运作，加强经济监督，作出规定。

立法建议如下：

第 808 条 ［人大系统经济监督］

各级人民代表大会及其常务委员会应当听取和审议国民经济和社会发展计划及其执行情况的报告、预算及其执行情况的报告，听取和审议本级人民政府履行出资人职责的情况和国有资产监督管理情况的专项工作报告，组织执法检查，依法行使监督职权。

二、监委系统监察

重视监察监督，加强国家经济监察，深入开展反腐败工作，作出规定。

立法建议如下：

第 809 条 ［国家经济监察］

监察机关开展廉政建设和反腐败工作，对公职人员经济履职情况进行监督检查，对涉嫌经济职务违法和经济职务犯罪进行调查，依法作出政务处分决定、进行问责、提出监察建议等。

三、行政系统监督

各级政府加强经济检查、督察、督导，履行经济监督职责，作出规定。

立法建议如下：

第 810 条 ［政府经济监督］

上级人民政府对下级人民政府、本级人民政府对政府有关部门，实施经济监督。

国务院和地方人民政府应当对其授权履行出资人职责的机构履行职责的情况进行监督。

统计监督为政府经济监督形式，完善统计监督机制。

立法建议如下：

第811条 ［统计监督］

统计机关组织履行监督检查职责，加强统计工作的监督检查，有关单位和个人应当依法配合。

财政监督为政府经济监督形式，完善财政监督机制。

立法建议如下：

第812条 ［财政监督］

各级政府财政部门负责监督本级各部门及其所属各单位预算管理有关工作，并向本级政府和上一级政府财政部门报告预算执行情况。政府各部门负责监督检查所属各单位的预算执行，及时向本级政府财政部门反映本部门预算执行情况，依法纠正违反预算的行为。

会计监督为政府经济监督形式，健全会计监督体系。

立法建议如下：

第813条 ［会计监督］

财政、审计、税务、人民银行、金融监管等部门依法对有关单位的会计资料实施监督检查。加强财政部门的会计监督，对会计账簿、会计资料、会计人员专业性等进行监督。

金融监督为政府经济监督形式，加强金融监管合作。

立法建议如下：

第814条 ［金融监督］

完善金融监督体系，健全金融风险监测预警机制。

国家金融监督管理机构与境外监督管理机构开展监督管理合作，及时有效防范、化解和处置跨境金融风险。

市场监督为政府经济监督形式，目标是实行统一的市场监管。

立法建议如下：

第 815 条 ［市场监督］

加强市场监督管理机构监督，促进市场监管综合执法队伍建设，依法监督管理市场交易，实行统一的市场监督。

劳动监督为政府经济监督形式，加强劳动监督，保障劳动者合法权益。

立法建议如下：

第 816 条 ［劳动监督］

劳动行政部门依法对用人单位遵守劳动法律、法规的情况进行监督检查，对违反劳动法律、法规的行为有权制止，并责令改正。

安全生产是企业生产顺利进行的前提、保障，安全生产监督为政府经济监督形式。

立法建议如下：

第 817 条 ［安全生产监督］

安全生产监督部门依照安全条件和程序，对安全生产事项进行监督检查。

经济发展权与环境权息息相关，环保监督为政府经济监督形式。

立法建议如下：

第 818 条 ［环保监督］

国家生态环境主管部门，对全国生态环境保护工作实施统一监督管理；县级以上地方人民政府生态环境主管部门，对本行政区域生态环境保护工作实施统一监督管理。

专项督查为政府经济监督模式，尤其要加强较大经济安全隐患督查。

立法建议如下：

第 819 条［专项督查］

加强政府专项督查，及时处理经济违法违规问题。

四、公安、司法系统监督

规范公安机关的经济侦查工作，依法惩治经济犯罪，规定公安机关的经济侦查制度。

立法建议如下：

第 820 条［公安机关的经济侦查］

公安机关掌握、分析经济犯罪情况，加强经济侦查工作，依法采取技术侦查措施，加强执法监督和督察。

加强司法系统监督，包括审判机关、检察机关的经济监督。

立法建议如下：

第 821 条［司法系统监督］

最高人民法院监督地方各级人民法院和专门人民法院的经济审判工作，上级人民法院监督下级人民法院的经济审判工作。

最高人民检察院领导地方各级人民检察院和专门人民检察院的经济检察工作，上级人民检察院领导下级人民检察院的经济检察工作。

人民法院、人民检察院可以向政府、企事业单位提出监督建议。

五、社会监督

完善社会监督体系，加强社会各界对国民经济运行的监督。

立法建议如下：

第 822 条 [社会监督]

在国民经济发展中，鼓励公众参与、社会监督，依法对国民经济运行中出现的违法、失职和违背自然规律的行为进行检举和控告。

六、经济监督组合

创新各种经济监督方式的组合，形成经济监督合力，作出规定。

立法建议如下：

第 823 条 [各类经济监督组合机制]

促进经济监督方式的多元协同，健全信息沟通、线索移送、协同监督、成果共享、监督协同、事项会商、线索移送等长效机制，形成监督合力。

第三十一章

应对非经济因素对国民经济造成不确定风险法律制度

非经济因素是相对经济因素而言，指经济以外的其他各种因素。它们对国民经济发生影响，包括不确定性风险，可从宏观、微观角度加以考察。

党的二十大强调"中国式现代化"的五个特征，即涵盖了经济发展中必须注意非经济因素的影响。这就构成应对各种不确定因素的确定性。

应对非经济因素对国民经济造成不确定风险制度，基本素材可见之于《宪法》相关内容，《国家安全法》及《防震减灾法》《生物安全法》等规定。

与《经济法典》"总则"应对非经济因素对国民经济造成不确定风险法律制度总体条文相呼应，现探讨本章的具体制度设计。

第一节 生态环境风险应对

一、自然灾害风险应对

中国国土广大，每年自然灾害多发，对经济造成很大的损害和损失。水火无情，不可掉以轻心。预防自然灾害，加强自然灾害治理体系建设，规定自然灾害预防机制。

立法建议如下：

第824条 ［自然灾害预防］

开展洪涝、干旱、台风、地震、山火、暴雪等自然灾害风险隐患排查，实施自然灾害防治能力提升工程，构建自然灾害综合监测预警体系，发展相应的救灾金融产品。

充分利用现代科技，加强自然灾害应急，规定自然灾害应急机制。
立法建议如下：

第 825 条［自然灾害应急处理］

构建自然灾害反应灵敏、上下联动的应急管理体制，健全中央与地方分级响应机制，强化灾害事故处理与经济应急协同联动，维护生产经营秩序稳定。

二、生物安全风险应对

预防生物安全风险，保障人民生命健康，从源头入手，加强生物安全风险预防。
立法建议如下：

第 826 条［生物安全风险预防］

强化生物安全资源监管，防控外来物种入侵，完善生物安全风险预警制度。制定生物安全名录或者清单，并动态调整。对影响或者可能影响国家经济安全的生物领域重大事项和活动，由国务院有关部门进行生物安全重点审查。

从严对待转基因技术，未经主管部门批准不得在农业、食品等民生领域运用。

针对各类生物传染病、生物疫情，应对生物安全风险，规定生物安全风险应急机制。
立法建议如下：

第 827 条［生物安全风险应急处理］

发生生物安全事件时，应当组织开展经济影响评估，组织紧急救援、事后恢复工作。
境外发生重大生物安全事件的，依法采取生物安全紧急防控措施。

三、公共卫生风险应对

预防公共卫生风险，保障人民生命健康，规定公共卫生风险预防机制。立法建议如下：

第828条 [公共卫生风险预防]

加强重大传染病疫情、群体性不明原因疾病、重大食物和职业中毒等公共卫生风险预防。建立与国民经济发展对应的公共卫生事业投入机制，强化基层公共卫生体系。

应对公共卫生风险，落实公共卫生责任制，规定公共卫生风险应急机制。立法建议如下：

第829条 [公共卫生风险应急处理]

强化公共卫生早期筛查、应急响应和综合干预，建立分级分层分流的公共卫生救治网络，健全公共卫生对应的经济应急体系。

第二节　人口、劳力风险应对

一、人口、劳力失衡风险应对

《中共中央、国务院关于优化生育政策促进人口长期均衡发展的决定》（2021年）考量了人口劳力失衡风险应对问题。至2023年，全国人口14.1亿人。其中，60岁以上的占2亿多人，意味着已进入中度老龄化社会；60岁以下适龄劳动人口占60%多一点，意味着劳动力供应趋于紧张。中国是人口大国，应对人口、劳力失衡风险，促进人口、劳力与经济社会发展相协同，专设规定。

立法建议如下：

第830条 [人口、劳力失衡风险应对]

实行计划生育基本国策，完善人口统计和生育监测体系，健全人口、劳动力与国民经济均衡发展的综合决策机制，建设人才强国。

推行渐进式延迟法定退休年龄。

对有劳动能力者而不愿就业的情形，制定有效的处理措施。

立法建议如下：

第831条 ［自愿失业风险应对］

劳动是一切有劳动能力的公民的义务。加强就业规划和思想教育，营造就业氛围，提供更多的体面岗位和合理报酬，针对性地解决自愿失业现象。

二、人口严重老龄化风险应对

健全养老服务体系，尤其关注农村养老，有效应对人口严重老龄化问题。

立法建议如下：

第832条 ［人口严重老龄化风险应对］

应对人口严重老龄化风险，建立特殊困难失能老年人救济制度，保障基本生活需要。

第三节　科技、国防风险应对

一、重大科技风险应对

"科技是发展的利器，也可能成为风险的源头。要前瞻研判科技发展带来的规则冲突、社会风险、伦理挑战，完善相关法律法规、伦理审查规则及监管框架。"[1]科技作为双刃剑，在推动经济社会发展的同时，也可能带来不可预测的科技风险，为此规定重大科技风险应对机制。

立法建议如下：

---

〔1〕 习近平：《努力实现高水平科技自立自强》，载《习近平著作选读》（第2卷），人民出版社2023年版，第474页。

第833条 [重大科技风险应对]

在影响国家经济安全的科技领域，健全符合科学规律的科技安全评价体系，实施重大科技风险日常防控机制。完善重大科技风险的即时预警、当期应对、妥善处置机制。

二、科技领域秘密保护

科技领域保密，既需要市场主体各方协力，更需要从国家层面加以保障。立法建议如下：

第834条 [科技领域保密]

企业、事业单位应当保护本单位的技术秘密，职工应当遵守本单位的技术秘密保护制度。科技合作各方应当就保守技术秘密达成协议。

国家完善科技成果信息系统，提供科技成果信息查询、筛选等公益服务，但不得泄露国家秘密和商业秘密。

国防安全，至关紧要。建设和巩固国防，保护国防、军事科技安全，规定国防、军事科技保密制度。

立法建议如下：

第835条 [国防、军事信息保密]

任何组织和个人应当依法履行国防义务，遵守国防、军事保密规定，不得泄露国防、军事秘密。必须严惩泄露国防、军事国家秘密造成国家损失的行为。

第四节 国际非经济风险应对

一、国际非经济风险防范

全球化过程中，国际经济风险和非经济风险经常发生，前者如金融风险，后者如政治风波、战争和恐怖主义等，且还会不断产生新的风险类型。除应采取措施有效防范直接的经济风险之外，还应采取措施积极预防非经济风险对我国国内经济的影响，防患于未然，维护国家经济安全。

立法建议如下：

第836条 [国际非经济风险防范]

健全国际非经济风险对国民经济造成损失、产业损害的预警体系，制定相应的日常风险防范措施，健全国家安全审查、不可靠实体清单等制度。

二、国际非经济风险化解

当国际非经济风险实际产生损失并对我国经济造成不良影响时，应当采取综合性举措积极应对，有效克服、消除危害。

立法建议如下：

第837条 [国际非经济风险化解]

积极应对国际非经济风险，完善司法协助机制，加强反腐败、反间谍和打击其他跨国犯罪等国际合作。

发挥经济法制度合力，为中国式现代化作出贡献

第一节　基市结论

一、经济法是国民经济发展法

发展是解决发展中国家一切问题的基础和关键。在经济法三大基本权利范畴之中，经济发展权尤其是国家经济发展权，理所当然地成为标识性概念、核心范畴，指引经济法成为"国民经济发展法"。正如刘文华教授所说："只有现代经济法，才能胜任国民经济发展法的基本使命。"[1]"分则"中的市场机制调节法，对应和对接"总则"的"市场机制调节制度板块"；宏观经济治理法，对应和对接"总则"的"宏观经济治理制度板块"；供求循环法，对应和对接"总则"的"供求循环制度板块"。

二、经济法是国民经济分配法

着眼于国民经济分配，优化经济分配格局，实现经济分配权，经济法也是国民经济分配法。经济法问题，归根结底是资源配置、利益分配的问题。正如杨紫烜教授所说："当代经济法学者认为，经济法是调整特定经济关系即物质利益关系的，其目的在于为各类经济法主体之间物质利益的分配提供法律保障。从这个意义上来说，经济法实质上就是分配法。"[2]"分则"中的收入分配法，对应和对接"总则"的"收入分配制度板块"。

---

〔1〕 刘文华：《关于"经济法通则"立法的基本考察》，载程信和：《经济法通则立法专论》，濠江法律学社 2019 年版，第 141~142 页。

〔2〕 杨紫烜主编：《经济法》，北京大学出版社、高等教育出版社 2014 年版，第 9~10 页。

三、经济法是国民经济安全法

落实到国民经济保障，防范化解经济风险，维护经济安全权，经济法也是国民经济安全法。正如张士元教授所说，经济安全法是"一国防御其经济风险而制定的各种法律规范的总称"，由此可建立"经济安全法学"。[1]"分则"中的经济安全保障法，对应和对接"总则"的"经济安全保障制度板块"。

四、经济法成为国民经济发展法、分配法、安全法的整体

"发展-公平-安全"构成《经济法典》的基本线索。在《经济法典》"总则"和"分则"中，以经济发展权为基础，经济发展权、经济分配权、经济安全权三位一体、有机统一；相应地，以国民经济发展法为基础，国民经济发展法、分配法、安全法三位一体、有机统一，设计"分则"五编的具体条文。

鉴于发展是解决中国命运、前途的基础和关键，鉴于要在高质量发展中才能推进共同富裕，鉴于防范化解风险才能实现稳中求进，所以经济法成为国民经济发展法、分配法、安全法的制度整体。也因此，不断增强人民群众获得感、幸福感、安全感的《经济法典》得以水到渠成，助力实现国民经济发展调控目标（参见图32-1）。

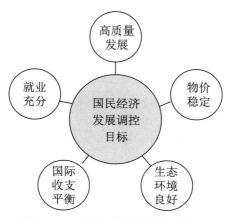

图32-1　国民经济发展调控目标图

[1]　张士元、刘诚：《经济安全：经济法的重要使命》，载《经济法制论坛》2004年第1期，第58页。

中国经济法学的开拓者芮沐教授深刻揭示：经济法"突出的是经济因素"。经济法"比起其他法来，它是最直接地针对经济领域内的矛盾进行调整的"。[1]所以，以芮沐先生为代表的"整体经济法论"有力地指引着经济法学的发展。国民经济管理者都应精通经济法。经济法学界的底气和逻辑，就在这里！可信乎，可信也。

第二节　创新之处

一、《经济法典》逻辑进路体现的中国特色、时代特色、专业特色

从逻辑进路可以看出（参见图32-2），《经济法典》"总则"和"分则"属于创新性的法典编纂，而非沿袭性的法律汇编；属于法律式的政策转化，而非文字式的政策转述。此种创新，合乎法理，但目前仍觉创新不足。

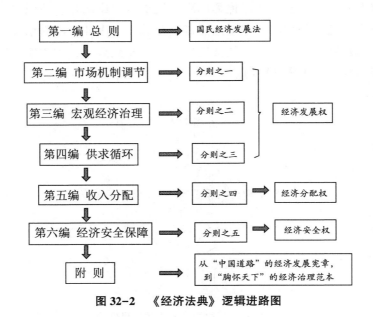

图32-2　《经济法典》逻辑进路图

〔1〕　芮沐：《关于经济法的概念、体系和内容》，载芮沐：《芮沐文集》，北京大学出版社2020年版，第321页。

二、实现国民经济治理现代化，法治轨道乃必由之路

法治必须遵循规律，方为良法，方能善治。贯彻新发展理念，沿着法治轨道推进国家治理现代化，实现中国式现代化目标，提供经济法的制度支撑，成为《经济法典》"分则"的基本思路。以贯彻新发展理念、推进国民经济治理现代化作指引，为《经济法典》"分则"谋定格局。

可以看出，此种创新是凭历史获得，凭现实获得，但目前仍觉创新不足。

三、经济法真正发挥作用，最优路径为制度集成化，分别和集合体现经济法权利及其对应的义务

经济法集成化即定型化、系统化的努力，《经济法典》"分则"衔接"总则"，反映了经济法集成化的历史大势。在"总则"编基础上研究制定"分则"编，"总则"指导"分则"，"分则"将"总则"落实到具体制度，体现经济法权利及其对应的义务，进而完善整个经济法体系。"江山就是人民，人民就是江山。"《经济法典》的宗旨，就是向着经济法意义上的人民——投资者、经营者、消费者、劳动者。经济法制度的合力，集中了传统民事的、行政的和组织内部的各种积极因素的综合优势。这就是经济法真正发挥作用的奥秘所在。

可以看出，此种创新也是从历史取得，凭现实取得，但目前仍觉创新不足。

四、透过《经济法典》"总则""分则"，提炼出具有专业特色、世界影响的经济法话语体系

《经济法典》"总则""分则"是经济法愿景的制度示范，体现中国担当、中国呼吁，促进世界和平与发展，必将产生持久的世界性影响。需要不断提炼成果，形成具有中国特色、世界影响的经济法标识性学术话语，即经济法自主知识体系。

我们曾经表示过，创作《经济法典》实际上包含两项任务：其一，总结、提炼改革开放以来经济立法的丰富成果，塑造经济法的整体形象；其二，凝聚、升华法学界的最大共识，构建经济法学的基本范畴（概念）和原理体系。

以上两项任务是相辅相成的。[1]

可以看出，此种创新属于学理升华、法理升华，但仍需继续创新。

"我们所处的是一个充满挑战的时代，也是一个充满希望的时代。"（二十大报告）过程极具价值，奋斗奔向成功！

---

[1]　程信和：《经济法重述》，中山大学出版社 2022 年版，第 133 页。

关于《中华人民共和国经济法典（学者建议稿）》的论证和说明（提要）

程信和　曾晓昀

一、编纂《经济法典》的必要性和重大意义

（一）坚持和完善中国特色社会主义、推进中国式现代化的迫切需要

（二）贯彻和落实社会主义基本经济制度、推动国民经济高质量发展的客观要求

（三）增进和实现最广大人民群众根本经济利益、促进共同富裕的重大举措

（四）推动构建人类命运共同体、为经济全球化作出贡献的中国担当

二、编纂《经济法典》的可行性

（一）中国特色社会主义思想的指导

（二）改革开放以来经济立法的成就和经验

（三）顶层设计和基层创造的结合，经济学和法学的共识

（四）从《民法典》开端的法律规范集成化趋势

三、编纂《经济法典》的路径

（一）指导思想——全面贯彻落实习近平新时代中国特色社会主义思想，包括法治思想、经济思想（含金融篇）等

（二）基本原则

（三）总与分，立与破，取与舍

（四）国际比较和借鉴

四、《经济法典（学者建议稿）》的总体设计

（一）关于总则编

（二）关于市场机制调节编

（三）关于宏观经济治理编

（四）关于供求循环编

（五）关于收入分配编

（六）关于经济安全保障编

（七）关于附则

五、《经济法典》实施的配套设计

（一）经济单行法

（二）经济软法

（三）经济法的救济机制

《中华人民共和国经济法典（学者建议稿）》
框　架

第一编　总　则

第一章　基本规定
第二章　国民经济治理现代化制度基础
第三章　经济法主体
第四章　经济法权利
第五章　经济法行为
第六章　经济法责任

第二编　市场机制调节

第一分编　市场基础规制

第一章　市场基础法律制度
第二章　市场交易及其监管法律制度
第三章　市场竞争及其监管法律制度
第四章　市场合作及其监管法律制度

第二分编　市场主体运行

第五章　企业等市场主体发展法律制度
第六章　消费者权益保护法律制度

第三编　宏观经济治理

第一分编　国家治理体系

第一章　国民经济和社会发展规划（计划）法律制度
第二章　产业发展法律制度

第六编　经济安全保障

第一分编　经济风险应对

第二分编　非经济风险应对

附　则

《中华人民共和国经济法典（学者建议稿）》
条 目

第一编 总 则

第一章 基本规定

第一节 立法宗旨与任务

第1条 立法宗旨和依据：国民经济发展目标

第2条 调整对象：国民经济运行关系

第3条 调整方法：直接调整

第4条 国家经济制度、整体经济利益和发展权利

第5条 市场主体法律地位和发展权利

第6条 国民经济运行中政府、市场、社会三者的边界

第二节 基本原则

第7条 法治经济原则

第8条 社会本位原则

第9条 科学发展原则

第10条 公平分配原则

第11条 安全保障原则

第12条 经社一体（城乡经济、社会一体化发展）原则

第三节 党对国民经济工作的领导

第13条 坚持党对国民经济工作的全面领导

第四节 法律适用规则

第14条 经济法体系中特别法的优先适用

第15条 经济政策应用

第16条 经济领域次国家法的民间社会规则（行业规例、企业章程）应用

第17条 技术标准应用

第 18 条　政府相关正面清单和负面清单应用

第 19 条　信用经济、经济领域信用规则的遵循

第 20 条　中国经济法地域适用的效力

第二章　国民经济治理现代化制度基础

第一节　基本经济制度贯彻之一：坚持公有制为主体、多种所有制经济共同发展

第 21 条　所有制格局

第 22 条　国有经济

第 23 条　集体经济（合作经济）

第 24 条　私营经济（个体经济）

第 25 条　外资经济

第 26 条　混合所有制经济

第 27 条　自然垄断行业经济

第 28 条　对各种所有制经济的财产权益保护和发展环境保障

第二节　基本经济制度贯彻之二：坚持按劳分配为主体、多种分配方式并存

第 29 条　分配制格局

第 30 条　初次分配

第 31 条　合理安排各类生产要素参与初次分配的比重

第 32 条　再分配

第 33 条　合理安排税收、财政转移支付、社会保障在再分配中的比重

第 34 条　第三次分配

第 35 条　促进全体人民共同富裕

第三节　基本经济制度贯彻之三：实行社会主义市场经济

第 36 条　社会主义市场经济体制

第 37 条　两个市场、两种资源

第 38 条　放开资源市场配置

第 39 条　优化资源政府配置

第 40 条　有效市场和有为政府的结合

第 41 条　经济集中与经济民主

第 98 条　经济应急管理机构

第 99 条　经济执法机构

第 100 条　非政府序列公共事务组织

第三节　相关主体：介于基本主体之间、与经济活动相关的社会力量主体

第 101 条　行业性社会组织

第 102 条　特别交易所（证券、期货）

第 103 条　市场中介机构

第 104 条　事业单位中提供经济性专业服务的机构

第四章　经济法权利

第一节　经济法权利（权力）

第 105 条　市场主体的经济权利（权益）

第 106 条　市场主体的经济义务

第 107 条　国家经济管理主体的经济权力和责任

第 108 条　国家机关以市场主体身份出现时的经济权利和义务

第二节　各类主体通有的基本权利

第 109 条　经济发展权

第 110 条　经济发展权的内容

第 111 条　经济发展权和环境权的组合

第 112 条　经济分配权

第 113 条　经济分配权的内容

第 114 条　经济安全权

第 115 条　经济安全权的内容

第 116 条　三项基本权利之间的关系

第 117 条　基本权利对具体权利的引领

第三节　市场主体的权利

第 118 条　投资权

第 119 条　企业经营自主权

第 120 条　传统经济实体经营权

第 121 条　新型经济实体经营权

第 176 条　限制、禁止的要求

第 177 条　不得失信违约

第 178 条　不得侵权

第 179 条　不得利用过度逐利行为损害社会公共利益

第 180 条　政府不得有法外设定自身权力、损害管理相对方权益的行为

第 181 条　对政府干预行为的限制

第 182 条　避免重大决策失误

第 183 条　管理机构不得失职、渎职

第 184 条　社会力量主体不得违规、越权操作

第六章　经济法责任

第一节　经济法责任

第 185 条　经济法责任

第 186 条　追究责任的条件

第 187 条　减免责任的情形

第二节　本来意义上的责任（职责、义务）

第 188 条　国民经济发展政治责任

第 189 条　任职经济责任

第 190 条　特定领域经济管理责任

第 191 条　经济效益责任（义务）

第 192 条　各类企业的社会责任

第 193 条　经济安全责任

第 194 条　统筹发展和安全

第三节　事后追究的法律责任

第 195 条　经济性民事责任的适用

第 196 条　民事责任的补偿性与惩罚性

第 197 条　连带责任、担保责任、补充责任

第 198 条　经济性行政责任的适用

第 199 条　国家经济赔偿

第 200 条　经济性刑事责任的适用

第 201 条　各种法律责任不能相互替代

＊＊＊＊＊＊＊＊＊＊＊＊＊＊＊＊

（第一编　总　则　215 条）

第二编　市场机制调节

第一分编　市场基础规制

第一章　市场基础法律制度

第二章　市场交易及其监管法律制度

第三编　宏观经济治理

第一分编　国家治理体系

第一章　国民经济和社会发展规划（计划）法律制度

第二分编　区域治理体系

第九章　区域协调发展法律制度

第 792 条　经济作物产品（生产、供给）保障

第 793 条　林业发展

第 794 条　畜牧业发展

第 795 条　渔业发展

第 796 条　农产品运输

第 797 条　农产品销售

第 798 条　农业科技发展

第 799 条　农业保险

第 800 条　乡村专业人才建设

＊＊＊＊＊＊＊＊＊＊＊＊＊＊＊＊

（第三编　宏观经济治理 360 条）

第四编　供求循环

第一分编　国内循环

第一章　消费法律制度

第一节　消费对经济发展的基础性作用

第 801 条　消费的地位和作用

第二节　促进消费

第 802 条　积累与消费的关系

第 803 条　饮食消费

第 804 条　日用消费

第 805 条　居住消费

第 806 条　出行消费

第 807 条　信息产品消费

第 808 条　服务消费

第 809 条　绿色消费

第 810 条　共享经济

第 811 条　新经济业态

第 812 条　线下线上消费融合发展

倡议

第五编　收入分配

第一分编　分配基础

第一章　就业促进法律制度

第二分编　分配格局

第二章　按劳分配法律制度

＊ ＊ ＊ ＊ ＊ ＊ ＊ ＊ ＊ ＊ ＊ ＊ ＊ ＊ ＊ ＊

第六编　经济安全保障

第一分编　经济风险应对

第一章　国民经济安全保障法律制度

第 1008 条　个人信息安全保障

第二章　经济监督法律制度

第一节　审　计

第 1009 条　审计体系

第 1010 条　各级审计机关

第 1011 条　审计依法独立

第 1012 条　审计机关职能

第 1013 条　审计机关权限

第 1014 条　审计人员

第 1015 条　审计管辖范围

第 1016 条　全面审计与专项审计

第 1017 条　经济责任审计

第 1018 条　自然资源资产离任审计

第 1019 条　审计通报

第 1020 条　审计程序

第 1021 条　审计报告

第 1022 条　审计结果送达及整改反馈

第二节　各种经济监督及其组合

第 1023 条　人大系统经济监督

第 1024 条　国家经济监察

第 1025 条　政府经济监督

第 1026 条　统计监督

第 1027 条　财政监督

第 1028 条　会计监督

第 1029 条　金融监督

第 1030 条　市场监督

第 1031 条　劳动监督

第 1032 条　安全生产监督

第 1033 条　环保监督

第 1034 条　专项督查

（总则 215 条＋ 分则 837 条＋ 附则 4 条＝ 1056 条）

程信和　曾晓昀

2024 年 3 月 31 日 于广州

参考文献

一、经典文献

1. 中共中央党校（国家行政学院）教务部编：《马克思恩格斯列宁著作选编》，中共中央党校出版社 2022 年版

2. 《毛泽东选集》（第 1 卷），人民出版社 1991 年版。

3. 《毛泽东选集》（第 2 卷），人民出版社 1991 年版。

4. 《毛泽东选集》（第 3 卷），人民出版社 1991 年版。

5. 《毛泽东选集》（第 4 卷），人民出版社 1991 年版。

6. 《毛泽东文集》（第 6 卷），人民出版社 1999 年版。

7. 《毛泽东文集》（第 7 卷），人民出版社 1999 年版。

8. 《毛泽东文集》（第 8 卷），人民出版社 1999 年版。

9. 《邓小平文选》（第 3 卷），人民出版社 1993 年版

10. 《习近平谈治国理政》（第 1 卷），外文出版社 2014 年版。

11. 《习近平谈治国理政》（第 2 卷），外文出版社 2017 年版。

12. 《习近平谈治国理政》（第 3 卷），外文出版社 2020 年版。

13. 《习近平谈治国理政》（第 4 卷），外文出版社 2022 年版。

14. 《习近平著作选读》（第 1 卷），人民出版社 2023 年版。

15. 《习近平著作选读》（第 2 卷），人民出版社 2023 年版。

16. 习近平：《决胜全面建成小康社会 夺取新时代中国特色社会主义伟大胜利——在中国共产党第十九次全国代表大会上的报告》（2017 年 10 月 18 日）。

17. 习近平：《高举中国特色社会主义伟大旗帜 为全面建设社会主义现代化国家而团结奋斗——在中国共产党第二十次全国代表大会上的报告》（2022 年 10 月 16 日）。

18. 中共中央党史和文献研究院编：《习近平关于金融工作论述摘编》，中央文献出版社 2024 年版。

二、学习读本

1. 中共中央宣传部编：《习近平新时代中国特色社会主义思想学习纲要》，学习出版社、人民出版社 2023 年版。

2. 中共中央宣传部、中央全面依法治国委员会办公室编：《习近平法治思想学习纲要》，人民出版社、学习出版社 2021 年版。

3. 中共中央宣传部、国家发展和改革委员会编：《习近平经济思想学习纲要》，人民出版社、学习出版社 2022 年版。

4. 中共中央宣传部、中华人民共和国生态环境部编：《习近平生态文明思想学习纲要》，学习出版社、人民出版社 2022 年版。

5. 中共中央宣传部、中华人民共和国外交部编：《习近平外交思想学习纲要》，人民出版社、学习出版社 2021 年版。

6. 中共中央宣传部、中央国家安全委员会办公室编：《总体国家安全观学习纲要》，学习出版社、人民出版社 2022 年版。

三、专业文献——文件类

1. 《中共中央关于全面深化改革若干重大问题的决定》（2013 年 11 月 12 日）。

2. 《中共中央关于全面推进依法治国若干重大问题的决定》（2014 年 10 月 23 日）。

3. 《中共中央、国务院关于深化国有企业改革的指导意见》（2015 年 8 月 24 日）。

4. 《国务院关于在市场体系建设中建立公平竞争审查制度的意见》（2016 年 6 月 1 日）。

5. 《中共中央、国务院关于实施乡村振兴战略的意见》（2018 年 1 月 2 日）。

6. 《中共中央、国务院关于完善促进消费体制机制进一步激发居民消费潜力的若干意见》（2018 年 9 月 20 日）。

7. 《中共中央、国务院印发〈乡村振兴战略规划（2018-2022 年）〉》（2018 年 9 月 26 日）。

8. 《中共中央、国务院关于支持河北雄安新区全面深化改革和扩大开放的指导意见》（2019 年 1 月 24 日）。

9. 《中共中央、国务院印发〈粤港澳大湾区发展规划纲要〉》（2019 年 2 月 18 日）。

10. 《中共中央关于坚持和完善中国特色社会主义制度 推进国家治理体系和治理能力现代化若干重大问题的决定》（2019 年 10 月 31 日）。

11. 《中共中央、国务院关于支持深圳建设中国特色社会主义先行示范区的意见》（2019 年 8 月 9 日）。

12. 《中共中央、国务院印发〈长江三角洲区域一体化发展规划纲要〉》（2019 年 12 月 1 日）。

13. 《中共中央、国务院关于构建更加完善的要素市场化配置体制机制的意见》（2020 年 3 月 30 日）。

14. 《中共中央、国务院关于新时代加快完善社会主义市场经济体制的意见》（2020 年 5 月 11 日）。

15. 《中共中央、国务院关于新时代推进西部大开发形成新格局的指导意见》（2020 年 5 月 17 日）。

16. 《中共中央关于制定国民经济和社会发展第十四个五年规划和二〇三五年远景目标的建议》（2020 年 10 月 29 日）。

17. 《中共中央、国务院关于实现巩固拓展脱贫攻坚成果同乡村振兴有效衔接的意见》（2020 年 12 月 16 日）。

18. 《中华人民共和国国民经济和社会发展第十四个五年规划和 2035 年远景目标纲要》（2021 年 3 月 11 日）。

19. 《中共中央、国务院关于新时代推动中部地区高质量发展的意见》（2021 年 4 月 23 日）。

20. 《中共中央、国务院关于支持浙江高质量发展建设共同富裕示范区的意见》（2021 年 5 月 20 日）。

21. 《横琴粤澳深度合作区建设总体方案》（2021 年 9 月 5 日）。

22. 《全面深化前海深港现代服务业合作区改革开放方案》（2021 年 9 月 6 日）。

23. 《中共中央、国务院关于完整准确全面贯彻新发展理念做好碳达峰碳中和工作的意见》（2021 年 9 月 22 日）。

24. 中共中央、国务院印发《成渝地区双城经济圈建设规划纲要》（2021 年 10 月 20 日）。

25. 《"十四五"数字经济发展规划》（2021 年 12 月 12 日）。

26. 《中共中央、国务院关于加快建设全国统一大市场的意见》（2022 年 3 月 25 日）。

27. 《中共中央、国务院关于构建数据基础制度更好发挥数据要素作用的意见》（2022 年 12 月 2 日）。

28. 中共中央、国务院印发《扩大内需战略规划纲要（2022-2035 年）》（2022 年 12 月 14 日）。

29. 《中共中央、国务院关于做好 2023 年全面推进乡村振兴重点工作的意见》（2023 年 1 月 2 日）。

30. 《质量强国建设纲要》（2023 年 2 月 6 日）。

31. 《党和国家机构改革方案》（2023 年 3 月 16 日）。

32. 《中共中央、国务院关于促进民营经济发展壮大的意见》（2023 年 7 月 14 日）。

33. 《中共中央、国务院关于支持福建探索海峡两岸融合发展新路 建设两岸融合发展示范区的意见》（2023 年 9 月 12 日）。

四、专业文献——著作类

（一）中文本

1. 芮沐：《芮沐文集》，北京大学出版社 2020 年版。

2. 钱学森等：《论系统工程》，湖南科学技术出版社 1988 年版。

3. 杨紫烜主编：《经济法》，北京大学出版社、高等教育出版社 2014 年版。

4. 刘文华：《走协调结合之路》，法律出版社 2012 年版。

5. 徐杰主编：《经济法概论》，首都经济贸易大学出版社 2000 年版。

6. 李昌麒：《经济法——国家干预经济的基本法律形式》，四川人民出版社 1997 年版。

7. 陶和谦主编：《经济法学》，群众出版社 1983 年版。

8. 刘瑞复：《经济法：国民经济运行法》，中国政法大学出版社 1994 年版。

9. 张士元：《经济法探索之路——漫忆与期待》，华夏出版社 2007 年版

10. 刘隆亨：《经济法概论》，北京大学出版社 2012 年版。

11. 张守文：《发展法学：经济法维度的解析》，中国人民大学出版社 2021 年版。

12. 朱崇实主编：《经济法》，厦门大学出版社 2007 年版。

13. 时建中主编：《〈中华人民共和国反垄断法〉专家修改建议稿及详细说明》，中国政法大学出版社 2020 年版。

14. 卢炯星主编：《宏观经济法》，厦门大学出版社 2005 年版。

15. 冯果主编：《证券法》，武汉大学出版社 2014 年版。

16. 张红：《中日经济法比较研究》，北京大学出版社 2017 年版。

17. 蒋悟真：《预算治理现代化的中国图景》，法律出版社 2019 年版。

18. 应飞虎：《信息、权利与交易安全：消费者保护研究》，北京大学出版社 2008 年版。

19. 薛克鹏主编：《经济法学》，中国政法大学出版社 2018 年版。

20. 邢会强：《走向规则的经济法原理》，法律出版社 2015 年版。

21. 黄茂钦：《基本公共服务均等化法治保障研究——基于"事实"与"规范"的展开》，法律出版社 2014 年版。

22. 董玉明：《中国宏观调控法基础》，山西经济出版社 2024 年版。

23. 张永忠：《中国-东盟政府间经济合作机制：区域公共治理的法制化路径》，暨南大学出版社 2007 年版。

24. 程信和：《经济法通则立法专论》，濠江法律学社出版社 2019 年版。

25. 程信和、曾晓昀：《经济法典总则》，中国政法大学出版社 2022 年版。

26. 程信和：《经济法重述》，中山大学出版社 2022 年版。

27. 曾晓昀：《粮食法原论》，中国人民大学出版社 2018 年版。

（二）中译本

1. ［法］摩莱里：《自然法典》，黄建华、姜亚洲译，商务印书馆 1982 年版。

2. ［法］泰·德萨米：《公有法典》，黄建华、姜亚洲译，商务印书馆 1982 年版。

3. ［法］阿莱克西·雅克曼、［法］居伊·施朗斯：《经济法》，宇泉译，商务印书馆 1997 年版。

4. ［日］丹宗昭信、［日］厚谷襄儿：《现代经济法入门》，谢次昌译，群众出版社 1985 年版。

5. ［日］金泽良雄：《经济法概论》，满达人译，中国法制出版社 2005 年版。

6. ［德］弗里茨·里特纳、［德］迈因哈德·德雷埃尔：《欧洲与德国经济法》，张学哲译，法律出版社 2016 年版。

7. ［德］马克斯·韦伯：《论经济与社会中的法律》，张乃根译，中国大百科全书出版社 1998 年版。

8. ［德］沃尔夫冈·费肯杰：《经济法》（第 1 卷），张世明、袁剑、梁君译，中国民主法制出版社 2010 年版。

9. ［德］沃尔夫冈·费肯杰：《经济法》（第 2 卷），张世明译，中国民主法制出版社 2010 年版

10. ［德］乌茨·施利斯基：《经济公法》，喻文光译，法律出版社 2006 年版。

11. ［英］施米托夫：《国际贸易法文选》，赵秀文选译，中国大百科全书出版社 1993 年版。

12. ［美］理查德·A. 波斯纳：《反托拉斯法》，孙秋宁译，中国政法大学出版社 2003 年版。

13. ［美］罗纳德·哈里·科斯：《企业、市场与法律》，盛洪、陈郁译校，格致出版社、上海三联书店、上海人民出版社 2009 年版。

14. ［苏］B. B. 拉普捷夫主编：《经济法》，中国社会科学院法学研究所民法经济法研究室译，群众出版社 1987 年版。

15. ［苏］国立莫斯科大学、斯维尔德洛夫法学院合编：《经济法》，路建京等译，中国人民大学出版社 1980 年版。

16. 中国社会科学院法学研究所民法教研室编：《捷克斯洛伐克社会主义共和国经济法典》，江平译，谢怀栻校，中国社会科学出版社 1981 年版

（三）外文本

1. ［日］川濵昇、瀬領真悟、泉水文雄、和久井理子：《ベーシック経済法——独占禁止法入門》（第 5 版），有斐閣 2020 年版。

2. ［日］岸井大太郎、大槻文俊、中川晶比兒、川島富士雄、稗貫俊文：《経済法——独占禁止法と競争政策》（第 9 版），有斐閣 2020 年版。

3. ［日］泉水文雄：《経済法入門》，有斐閣 2018 年版。

4. Thomas J. Miceli, *The Economic Approach to Law*, Second Edition. Stanford University

Press，2008.

五、专业文献——论文类

(一) 中文论文

1. 杨紫烜：《关于制定〈中华人民共和国经济法纲要〉的建议》，载《法制建设》1986 年第 1 期。

2. 刘文华：《我们需要的是有中国特色的社会主义经济法学——读新出版的〈经济法学〉后的思考与感言》，载《人大法律评论》2017 年卷第 3 辑。

3. 徐杰等：《浅谈经济法的几个问题》，载《法学研究》1984 年第 2 期。

4. 李昌麒：《发展与创新：经济法的方法、路径与视域（上）——简评我国中青年学者对经济法理论的贡献》，载《山西大学学报（哲学社会科学版）》2003 年第 3 期；《发展与创新：经济法的方法、路径与视域（下）——简评我国中青年学者对经济法理论的贡献》，载《山西大学学报（哲学社会科学版）》2003 年第 4 期。

5. 张守文：《经济法的立法统合：需要与可能》，载《现代法学》2016 年第 3 期。

6. 张守文：《经济法的立法统合：前提与准备》，载《学术界》2020 年第 6 期。

7. 张守文：《经济法的立法路径选择》，载《现代法学》2023 年第 1 期。

8. 张士元、刘诚：《经济安全：经济法的重要使命》，载《经济法制论坛》2004 年第 1 期。

9. 史际春：《制订我国基本经济法新议》，载《湘江法律评论》第 3 卷，湖南人民出版社 1999 年版。

10. 杨松、郭金良：《互联网创新发展中的经济法治研究》，载《江海学刊》2017 年第 4 期。

11. 编撰经济法典第一研究小组、陈晋：《编撰经济法典的历史回眸》，载《南华大学学报（社会科学版）》2015 年第 1 期。

12. 编撰经济法典第二研究小组、梁中鑫：《我国编撰经济法典的评估》，载《南华大学学报（社会科学版）》2015 年第 1 期。

13. 编撰经济法典第三研究小组、陈乃新：《创制〈中华人民共和国经济法〉构想——创制基本经济法是编撰经济法典的题中应有之义和浓墨重彩》，载《南华大学学报（社会科学版）》2015 年第 1 期。

14. 七人研究小组（程信和、王全兴、张守文、单飞跃、陈乃新、孔德周、何文龙）：《〈经济法纲要〉的法理与设计——献给 20 世纪最后一次中国经济法年会》（此文由何文龙执笔，集体讨论），载《法治研究》1999 年卷，浙江大学出版社 2000 年版。

15. 薛克鹏：《法典化背景下的经济法体系构造——兼论经济法的法典化》，载《北方法学》2016 年第 5 期。

16. 袁达松、朱成林：《论经济法治的顶层设计——兼重提经济基本法的制定》，载《中山大学法律评论》2014 年第 3 期。

17. 叶姗：《再议制定经济法通则的必要与可能》，载《人大法律评论》2016 年第 3 期。

18. 程信和：《经济法之原创性——芮沐先生经济法学术思想心得》，载《北京大学学报（哲学社会科学版）》2008 年第 4 期。

19. 程信和：《改革开放三十年来经济法学的回顾与展望》，载《中国法学》2008 年纪念改革开放三十年专刊。

20. 程信和：《新时代中国特色经济法学之新气派》，载《法治社会》2018 年第 1 期。

21. 程信和、曾晓昀：《经济法典：经济法集成化之历史大势》，载《政法学刊》2021 年第 1 期。

22. 程信和、曾晓昀：《经济法典"总则"论》，载《法治社会》2021 年第 2 期。

23. 程信和、曾晓昀：《经济法典"分则"论》，载《法治社会》2021 年第 3 期

（二）外文论文

1. Amelia Fletcher, "Consumer Protection for Online Markets and Large Digital Platforms", *Yale J. on Reg.*, 2023, 40（Summer）.

2. Christos A. Makridis, Joel Thayer, "The Big Tech Antitrust Paradox：A Reevaluation of the Consumer Welfare Standard for Digital Markets", *Stan. Tech. L. Rev.*, 2023, 27（Fall）.

3. Dmitry A. Pentsov, "The Concept of 'Investment' at the Dawn of the Digital Era.", *Ga. J. Int'l & Comp. L.*, 2022, 51.

4. IoannisKampourakis, "The Postmodern Legal Ordering of the Economy", *Ind. J. Global Leg. Stud.*, 2021, 28.

5. Juliana B. Bolzani, "Leading the Way in Payments：How Central Banks are Using Innovation to Promote Financial Inclusion and Reshape Competition", *J. L. & Com.*, 2022, 41（Fall）.

6. Lauren E. Willis, "Consumer-Facing Competition Remedies：Lessons from Consumer Law for Competition Law", *Utah L. Rev.* 2023.

7. Omri Marian, "Taxing Data", *B. Y. U. L. Rev.*, 2021, 47.

8. Ronit Levine-Schnur, "Moran Ofir. Who Shares the Sharing Economy?", *S. Cal. Interdis. L. J.*, 2023, 32（Spring）.

9. Thomas B. Nachbar, "Platform Effects", *Jurimetrics J.*, 2021, 62（Fall）.

直挂云帆济沧海

一个时代有一个时代的主题，一代学人有一代学人的使命。

2022 年 3 月，中国政法大学出版社出版了程信和、曾晓昀合著的《经济法典总则》一书，引起法学界广泛关注。气可鼓而不可泄，前辈、师友们纷纷督促，希望能尽快形成《经济法典分则》，以便将《经济法典》整体推出。

《经济法典分则》的写作，比《经济法典总则》更显复杂、更为艰难。经历者如鱼饮水、冷暖自知。一是"分则"条文众多，所涉知识面广，需要精心收集、选择、提炼。二是"分则"内部需要体系化、系统化因应，"分则"与"总则"之间也要对应自然、逻辑自洽。笔者虽然能力有限，但始终努力践行习近平同志多次引证的古训："致广大而尽精微"。

永远铭记 40 多年来带领我们奋进的全国经济法学界老前辈：芮沐、杨紫烜、刘文华、徐杰、李昌麒和潘静成、刘隆亨、漆多俊、肖乾刚、张士元、黎学玲、贾俊玲诸先生。衷心感谢在创作本书过程中给予我们指导和支持的全国中青年师友。贤者甚多，数以百计，铭记于心，恕不一一道谢。

广东省法学会、广东省法学会经济法学研究会、广东涉外投资法律学会、中山大学、广东技术师范大学、广东技术师范大学阳江立法基地、广州市人大常委会地方立法研究中心、广西现代法学研究院的领导和同事们，对本项目的进行和完成，给予了极大的鼓励和支持。中国政法大学出版社丁春晖先生认真细致的工作，对予本书的完成做出了极大的贡献。

《经济法典》既属"国之大者"，又是"法之难者"，我们要有"功成不必在我"的境界和"功成必定有我"的担当。《经济法典分则》的出版，使得经济法典研究继续向前推进。"玉树临风追一梦，悠悠。龙马精神好兆头。"我们必将更加奋进，在经济法知识体系构建、经济法典条文译介、经济法集成化史志回溯等方面发力。

　　本书试错乃至不当之处，敬请各界批评指正。

程信和　曾晓昀

2024 年 3 月 31 日

于白云山下、珠江之畔